DEVISES ET EMBLESMES D'AMOVR MORALISEZ.

GRAVEZ

Par ALBERT FLAMEN,
Peintre demeurant au Faux-bourg S. Germain, ruë des Fossoyeurs.

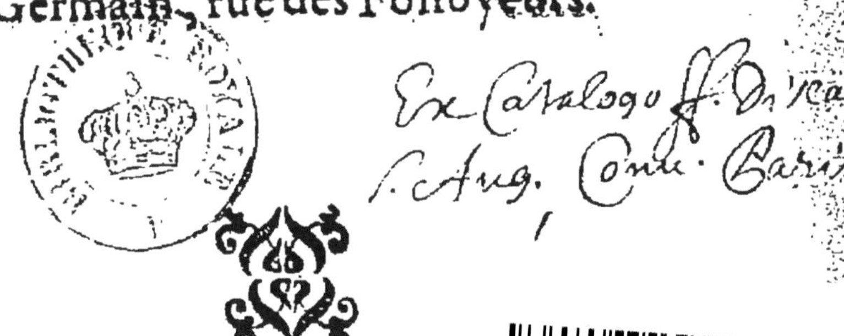

A PARIS,
Chez SAMVEL MARGAT, en la grand' Salle du Palais, du costé de la Salle Dauphine.

M. DC. L.

DEVISES
ET
EMBLESMES
D'AMOVR
MORALISEZ.

GRAVEZ

Par ALBERT FLAMEN,
Peintre demeurant au Faux-bourg
S. Germain, ruë des Fossoyeurs.

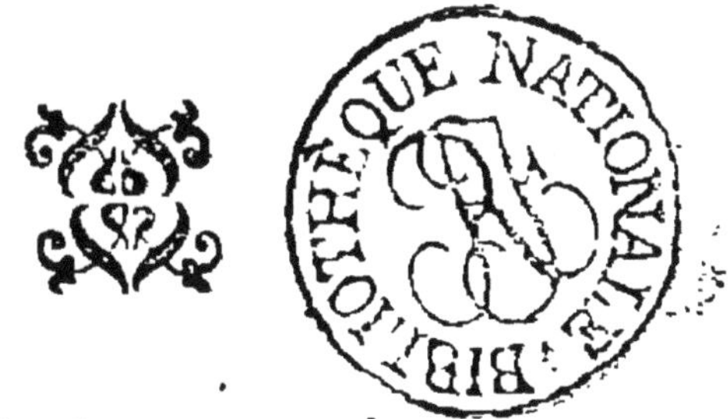

A PARIS,
Chez la Veufue IEAN REMY, ruë
S. Iacques, à l'Image S Remy,
pres le College du Plessis.

M. DC. XLVIII.

A MONSIEVR TRONSON,

CONSEILLER DV ROY en sa Cour de Parlement.

MONSIEVR,

M*Il y a six mois que i'eus l'honneur de presenter à Monsieur Vostre Frere, les essais & comme les premices de ma graueure; maintenant qu'elle se fortifie, ie prens la hardiesse de vous en offrir quelques épreuues comme à son aisné, I'ose dire qu'elles peuuent contenter la veuë, & satisfaire l'esprit: Mais comme le vo-*

stre est occupé plus vtilement ailleurs, ie ne luy demande point qu'il s'arreste sur ce petit échantillon de ma reconnoissance, ie me contente que vous agreiez qu'il paroisse en public sous vostre Nom, afin que chaqu'vn puisse connoistre, par le compte que ie rends à Vostre Famille du progrés de mes trauaux, les obligations dont ie luy suis redeuable, & par vne suitte necessaire, combien ie suis

MONSIEVR,

Vostre tres-humble
& tres-obeïssant
seruiteur,

A. FLAMEN.

A Paris, ce 16.
Octobre 1648.

ADVIS.

IE ne veux point tirer auantage d'vn trauail qui ne fut iamais mien; & parce que le frontiſpice de ce Liure vous pourroit tromper, ie vous donne aduis que ie ne pretens rien à tout le diſcours de ce petit ouurage; vn autre que moy, comme vous verrez trop bien dans la ſuitte, en eſt l'Autheur. Toute l'obligation que vous m'en deuez auoir s'il vous agrée, c'eſt de ce que ie l'ay pourſuiuy; toute la recompenſe que ie vous en demande, eſt que vous en excuſiez les defauts, puis qu'ils procedent pluſtoſt de mon incapacité que de ma volonté, qui n'a point eu de mouuement en ce rencontre que pour trauailler à vostre satisfaction.

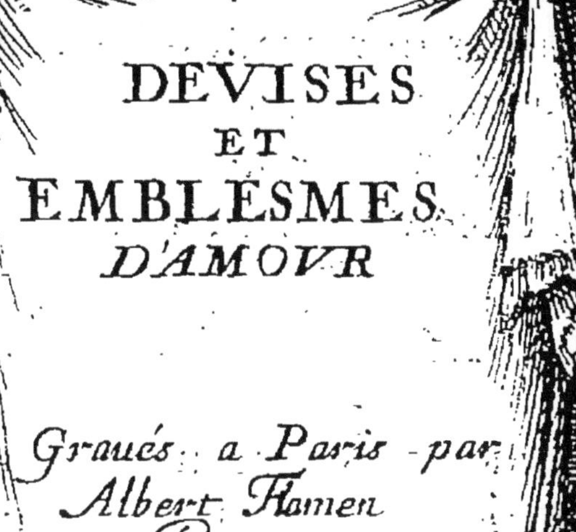

DEVISES ET EMBLESMES D'AMOVR

Graués a Paris par
Albert Flamen
Peintre

Demeurant au faubourg
ſainct Germain, ruë
des fauſſoieurs, derriere
ſainct Sulpice.

Auec priuil. du Roy.
1648.

EXPLICATION.

COMME l'eau, dont se sert ce Forgeron, rend plus viue & plus ardente la flamme de son fourneau; ainsi les larmes que produisent ces petites & delicates piquotteries, enflamment au double la reciproque bienvueillance de deux amis.

MORALITÉ.

SAINCT Augustin nous apprend que le plus grand secret pour allumer dedans nos cœurs le feu Diuin, c'est de ietter des larmes, *Vbi lacrymæ fuerint, ibi spiritalis ignis accenditur.* Et l'Escriture Saincte, dont le tesmoignage est infaillible, nous asseure que l'eau de la Mer, ny de tous les Fleuues de la terre, n'est pas capable d'éteindre les flammes de la charité, quand elles resident veritablement en vne ame, & qu'elle en est vne fois puissamment embrasée.

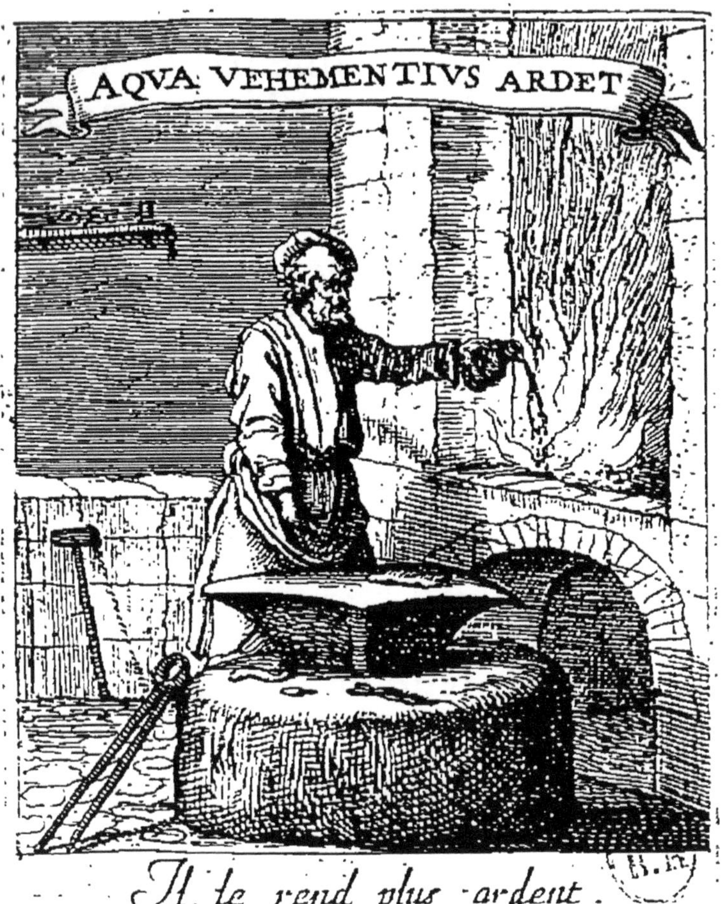

Il le rend plus ardent.

3

VOICY le ſymbole du Vieillard Amoureux, qui dans la fraiſcheur de ſon ſang, ne laiſſe pas de nourrir vn feu tres-deuorant ; la nature donne des forces nouuelles à cette flãme pour ſe defendre de l'humidité qui l'enuironne : Et le Dieu de l'Amour en reprend de nouuelles, pour brûler plus cruellement les veines dans leſquelles la glace luy ſembloit former oppoſition, ——— *Amor crudelius vrit,*
Quos videt inuitos ſuccubuiſſe ſibi, Prop.

QVI que tu ſois qui t'abandonnes pour le reſte de tes iours aux impuretés, & qui es ſi laſche que d'attendre que le vice te quitte, puis que les ſemonces de l'Eſcriture n'ont rien gagné ſur ton eſprit, écoute le langage d'vn Païen, peut eſtre que ſon diſcours te ſera plus familier : C'eſt Ouide qui a donné des leçons de l'Amour à tout le monde, & qui preuoyant ton infamie, l'a condamnée par ce reſte de vers :
— *Turpe ſenilis Amor.* Amor. lib. 1.

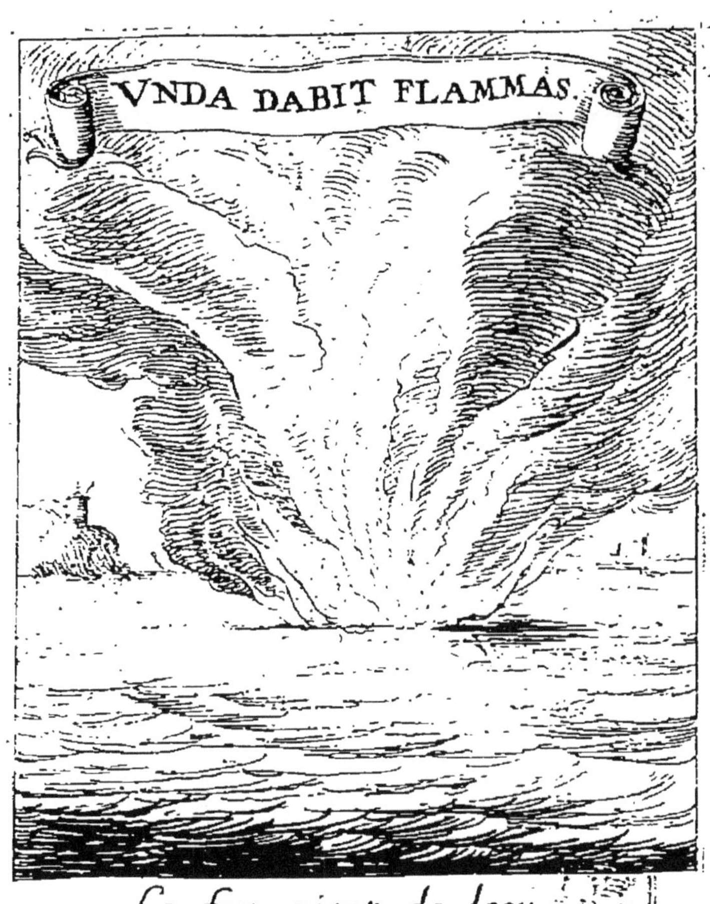

5. *Le feu vient de leau*

IL eſt impoſſible de ſe defendre d'aimer qui nous ayme ; C'eſt vne fievre qui ſe gagne par tranſpiration, vne maladie ſemblable à celle des yeux, qui ſe contracte en regardant des yeux malades. Donc *Si vis amari, ama* : Voulez-vous eſtre cheri, commencés à aymer le premier.

PLEVST à Dieu que tout le monde eût bien pesé cette Deuiſe ; ſi la fidelité eſt touſiours recompenſée de l'Amour, voyés qu'elle Couronne eſt promiſe à la perſeuerance d'vn veritable Chreſtien : s'il eſt tel, il faut de neceſſité qu'il ſoit fidele ; Il ne peut eſtre fidele, qu'il ne le ſoit enuers Dieu ; & Dieu ne peut voir ſa fidelité, qu'il ne luy donne ſon Amour ; Amour ſi accomply, que toutes les douceurs, tous les plaiſis, toutes les ſatisfactions imaginables ſe rencontrent dans ſa poſſeſſion.

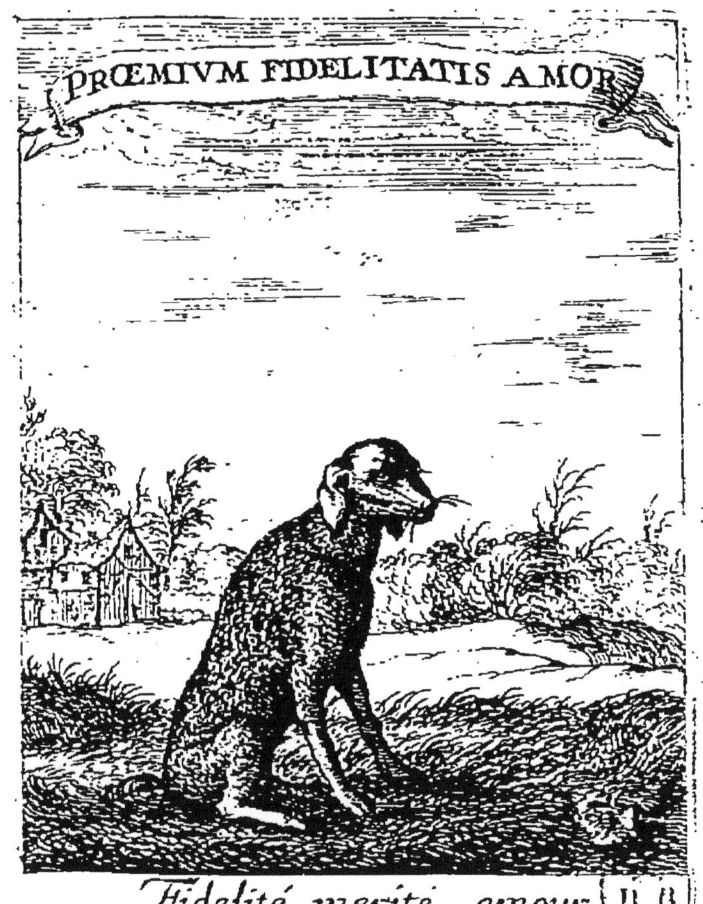

Fidelité merite amour H.R

7

CEs legeres vapeurs, ces petits nuages, qui paroissent du costé du Leuant lors que le Soleil commence sa carriere, seruent de presage que le reste du iour sera beau : ainsi ces legeres oppositions, ces foibles resistances, ces petits dédains que tu remarque au premier aspect d'vne beauté qui commence à prendre l'Empire dans ton cœur, sont des témoignages de l'auantage, & des contentements que tu dois attendre de tes poursuittes.

DONNONS vn meilleur sens à cette application, & puis qu'il est certain que tout reüssit à bien à ceux qui aiment Dieu, *Diligentibus Deum omnia cooperantur in bonum :* Disons que tous les trauaux, toutes les difficultés, toutes les oppositions qui enuironnent le iuste, & qui paroissent aux yeux charnels, le persecuter, sont autant de rempars, autant de defences, qui conseruent l'interieur de son ame dans vne profonde paix, & dans vne quietude tres accomplie.

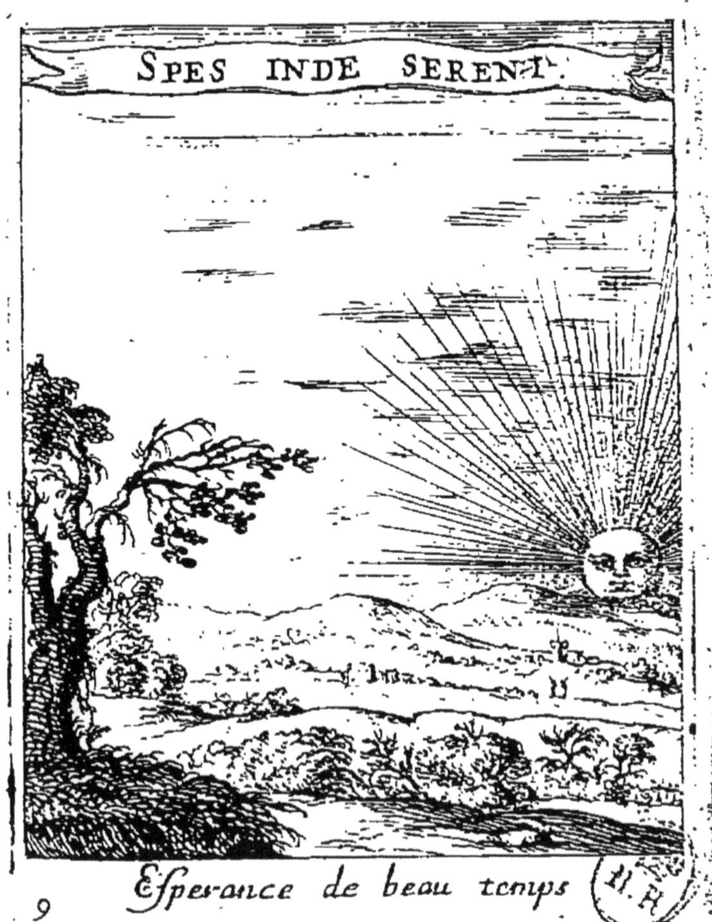

9 Esperance de beau temps

IL n'y a rien qui s'enflamme si promptement que la paille, il n'y a rien que le feu quitte plustost ; De mesme les esprits les plus susceptibles d'Amour, sont les plus sujets à prendre le change ; la force qui leur manque pour resister à cette passion, quand elle les vient attaquer, ne les sert pas mieux lors qu'il est question de resister à toutes ces petites disgraces, qui en ont esté de tous temps inseparables.

SI le sujet de ce feu estoit plus condense & plus materiel, n'est il pas vray qu'il ne s'éteindroit pas si tost ? Si le feu de nos affections se pouuoit attacher à quelque object solide, qui fust permanant, qui ne changeast point, à qui le temps n'apportast aucun desordre, de qui la bonne hùmeur ne peut donner aucun dégoust, il est certain, qu'au lieu de s'esteindre, il iroit tousjours croissant, & que sans consommer son sujet, il le brûleroit eternellement. Pourquoy donc quitter IESVS, qui demeure tousiours pour vous attacher au monde qui passe ?

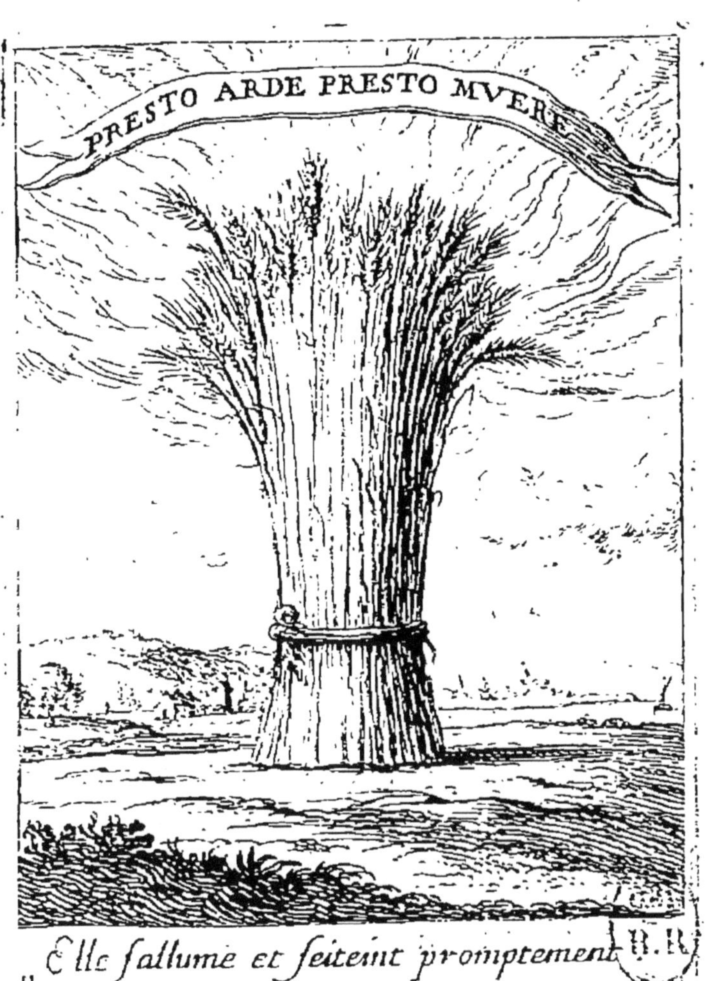

11 Elle sallume et seteint promptement

LA nature a ses degrés, par lesquels il faut que tous les estres mortels se perfectionnent; tout ce qui ne passe point par là ne peut durer; ces champignons qui croissent en vne nuict, perissent en vne autre; Ces esprits qui viennent au monde tous formés, ne viuent pas long-temps; l'Amour qui s'empare en vn instant d'vn cœur, n'a pas enuie d'y establir son trône.

SI l'on remarque force Esprits du naturel de ces Champignons dans le monde, croiés-moy qu'il y en a bien autant à proportion parmi ceux qui se dégagent du siecle: Combien en voyons nous qu'vne boutade a iettés dans le Cloistre? combien qu'vne chaleur de foye a retiré du mōde; combien qu'vn zele prompt & inconsideré a rendu ridicules aux Esprits les mieux faits. Quelque bonne profession doncques vous vouliés embrasser, lors qu'il est question d'vne nouuelle vie, voiés à l'établir sur de solides principes, autrement elle ne peut pas estre de longue durée.

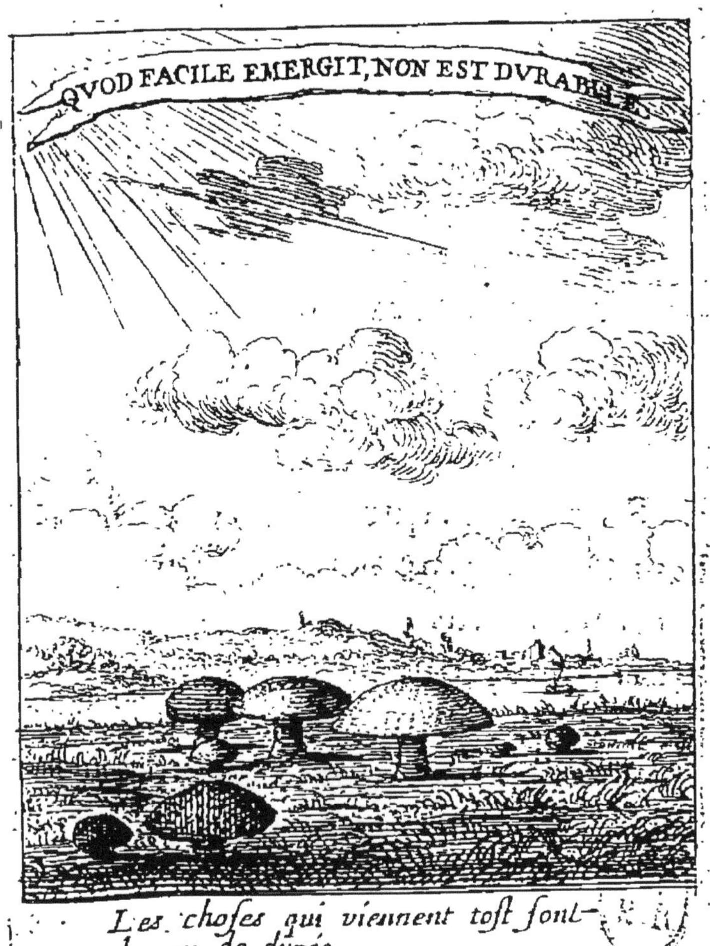

13 *Les choses qui viennent tost sont de peu de durée.*

LA Sphere du feu, disent les Philosophes, ne souffre point d'alteration, parce qu'elle ne participe rien de toutes ces imperfections d'icy bas ; Disons le mesme de nos amitiés, elles seront sans doute eternelles, pourueu qu'elles soient espurées de tous ces objets bas, de tous ces principes abjets, en vn mot, de toutes ces pensées qui tiennent du terrestre.

LEs amitiés que l'objet de la vertu rend pures se peuuent glorifier de l'eternité, à plus iuste tiltre que ce feu, lequel, quoy que perdurable, mesme apres la consommation des siecles, se contentera de remplir la terre ; & tout le materiel qui l'enuironne, au lieu que ces amitiés estans couronnées dedans les Cieux, y tiendront le dessus, & ioüiront de tous les veritables plaisirs qui se peuuent rencontrer dans vne saincte vnion de volonté.

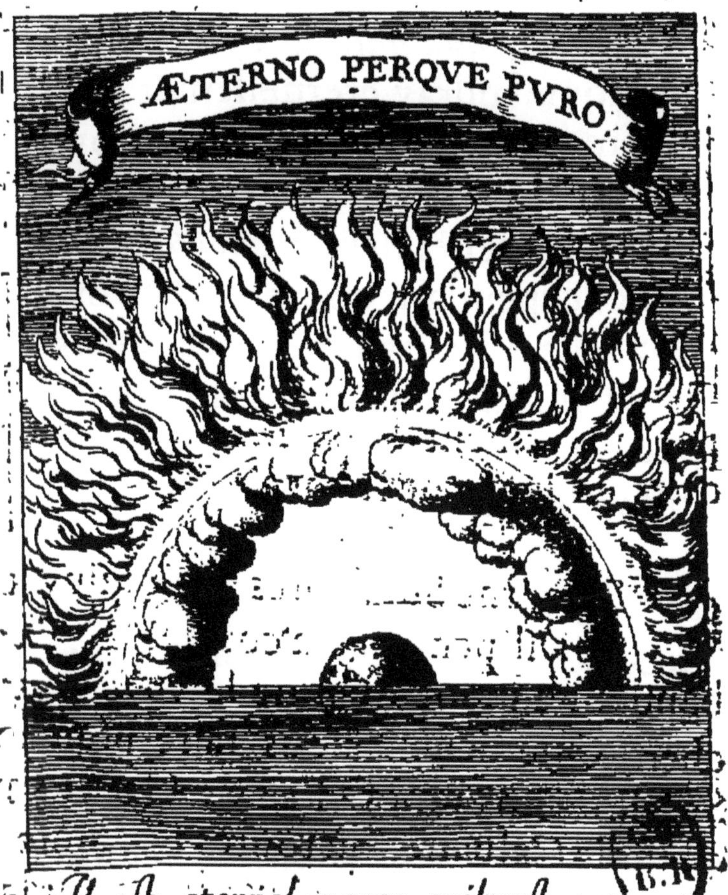

Il est eternel parce quil est pur

HEVREVX celuy qui rencontre vn amy du naturel de cette fleur, *Tu mihi, si qua fides cura perennis erit*: Ie me souuiendray eternellemẽt de vous, ou me croiés homme sans foy, dit Ouide au premier de ses Amours, & apres luy generalement tous les Amoureux; cependant combien en voyons-nous qui accompagnent ce qu'ils ayment iusques au tombeau? combien peu qui suiuent leurs Maistresses iusques en leur couchant?

CE tourne Sol, apres auoir suiuy le Soleil pendant sa course, ne l'abandonne point qu'il ne le voye coucher. Que deuons-nous faire pour le Soleil de nos ames? IESVS CHRIST est sur le Caluaire, où toutes ses lumieres se cachent à nos yeux; il est sur la Croix, où les rayons de sa Diuinité esclattent le moins; en vn mot, il se couche, ne soyons pas si lasches que de l'abandonner.

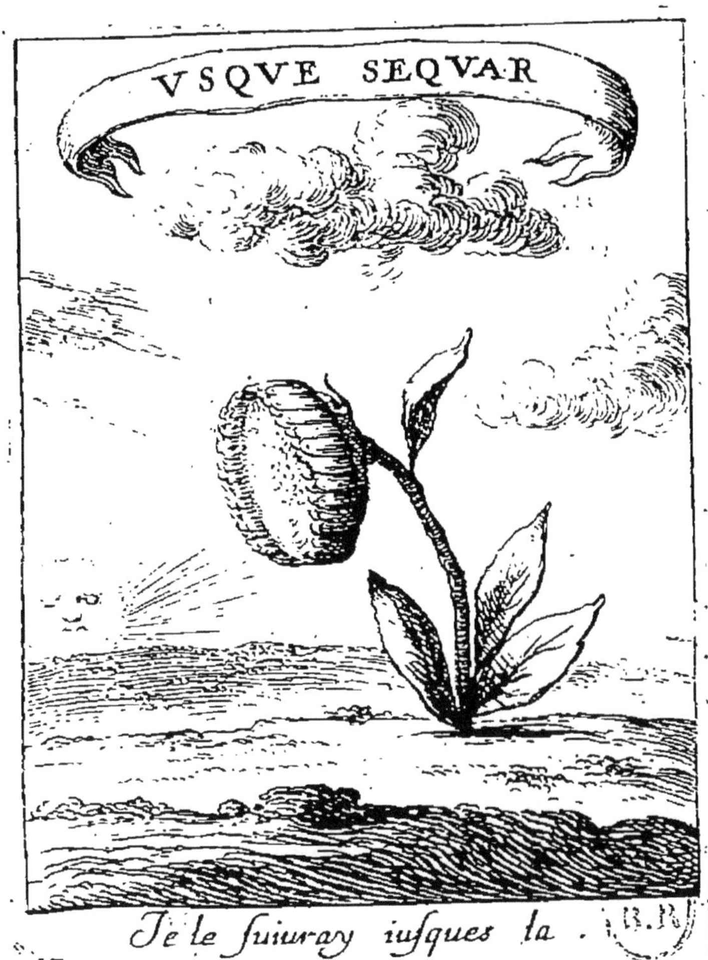

Je le suiuray iusques la.

17

SI l'on a tousiours creu que les paroles de ciuilité n'engagent point ceux qui les proferent, que penserons-nous de celles des Amans ? mais plustost pour ne point faire de tort au sexe, dont nous faisons partie, que dirons nous de celles des Filles ? les comparerons-nous aux fueilles de cet arbre qui s'envollent au moindre vent ? Ouide qui les cognoissoit bien n'en a pas fait de difficulté au second liure de ses Amours :

—— *Foliis leuiora Caducis.*

QVE les paroles de Dieu sont differentes de celles des hommes; Elles sont tousiours veritables, au lieu que pour l'ordinaire celles-cy sont fauces; Elles sont eternelles, celles-cy n'ont point de durée; elles sont solides, celles-cy sont legeres; Elles sont permanentes, celles-cy s'en vont au premier souffle; Et cependant nous sommes si dépourueus de raison que nous croyons plus aux discours du monde, que nous ne deferons à ceux qui nous viennent du Ciel.

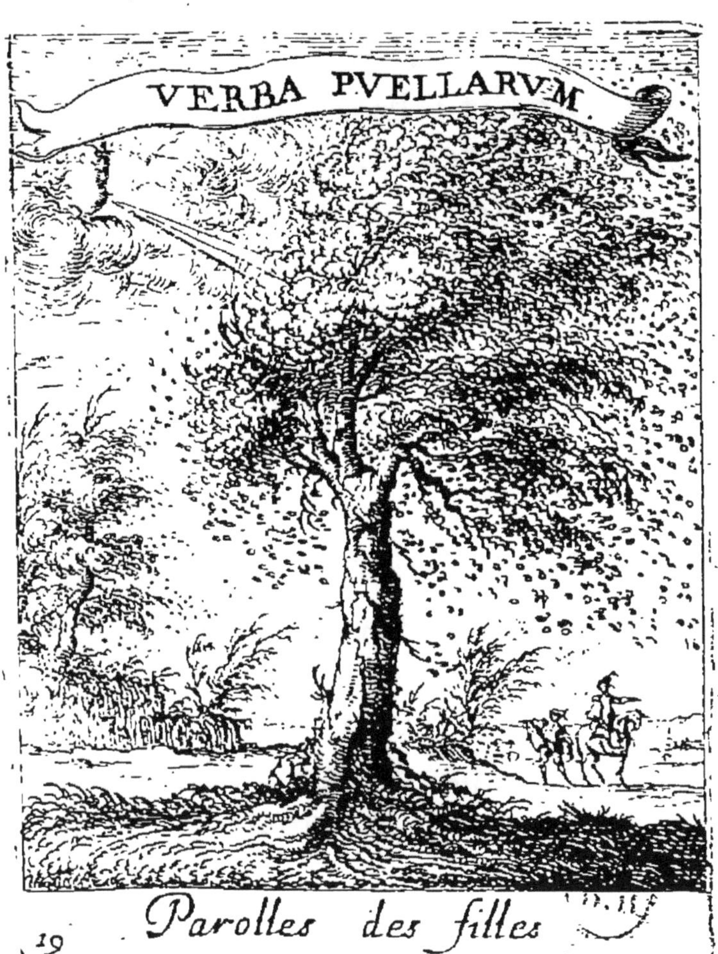

19 Parolles des filles

LA peau du Cameleon est si susceptible des couleurs, qu'elle prend tousiours celle du sujet qui luy est le plus proche : Et l'esprit de la femme est si changeant, qu'il se laisse aller à toutes sortes d'impressions; Il change à tant de vents qu'on peut dire, que ce sexe n'a rien de si constant que son inconstance, rien de si ferme que sa legereté, *Varium & mutabile semper fœmina*, dit Virg.

NOvs pourrions en dire autant des Hypocrites, dont la vie est semblable à ces visions fantastiques, qui ne manquent point de faire voir tout ce qui n'est pas en effect; Ils changent à tous propos, ils se transforment selon les places qu'ils ont à occuper, mais cela n'a point de suitte, ils reuiennent tousiours à leur premiere nature, parce que, comme disoit autresfois Seneque à Neron; *Nemo potest naturam fictam diu ferre, ficta in naturam suam redeunt, quibus autem veritas subest ex solido euanescunt.*

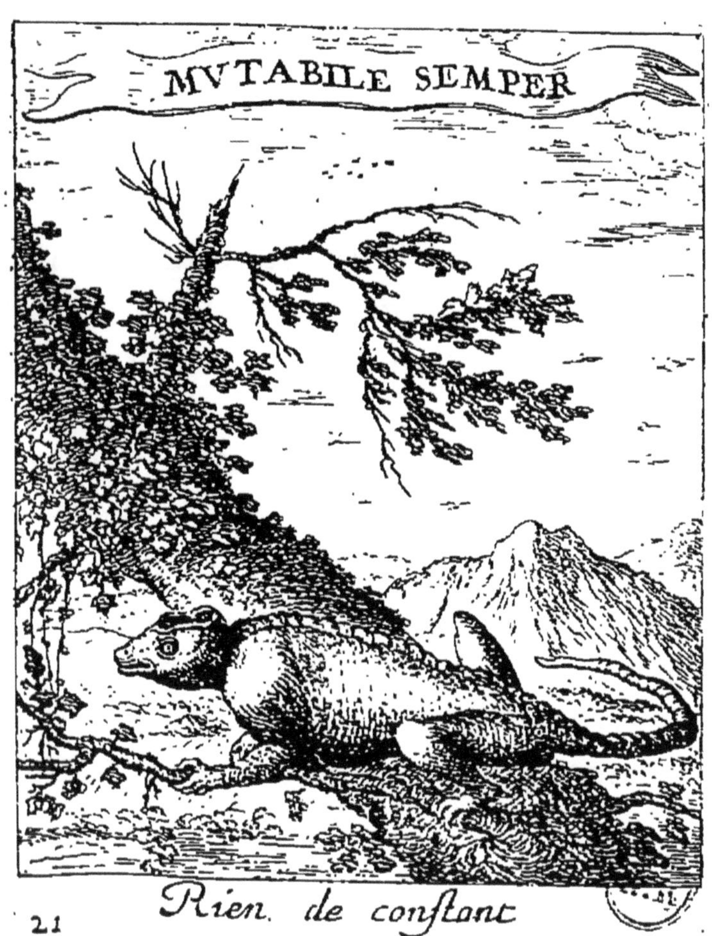

21 Rien. de constant

CETTE affetée a des filets en ses cheueux, elle a des amorces en ses œillades ; le miel distille en apparence sur ses levres ; elle mesnage si agreablement les mouuements de ses yeux, qu'il est presque impossible de leur refuser quelque chose ; le reste de son visage est tout remply d'apas ; & l'Amour qui se trouue fort dans le retranchement de ses finesses, ne manque point à luy suggerer toutes les choses qui te peuuent tromper, *Fallendique vias mille ministrat amor.* Quelque resolu que tu sois, les caresses, les mignardises, les souris, & vne infinité d'autres charmes t'attireront insensiblement, si tu t'amuses à les regarder.

LE Demon voyant bien qu'il n'est pas assés fort pour gagner vn cœur, lors qu'il est fortifié de la grace, a recours aux addresses ; il s'insinuë doucement, il déguise les suittes, il adoucit les consequences ; il presente le mal sous l'apparence du bien ; & ainsi s'efforce par tous moyens d'emporter par surprise ce qu'il ne peut à force ouuerte.

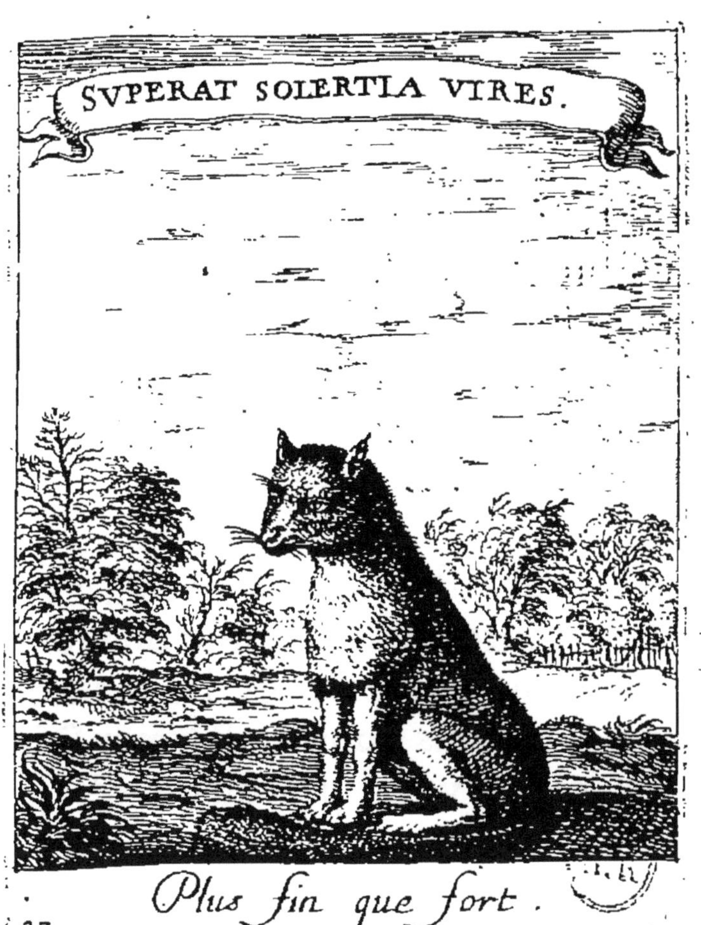

Plus fin que fort.

23

NE vous imaginés pas que tout le monde soit maistre dés le premier iour en cette école, l'art d'Aymer est fort facile, mais il est malaisé de bien aymer, & de [illegible] qui l'entreprennent, à peine en voyons-nous vn qui reüssisse. Le chariot de l'Amour, aussibien que celuy du Soleil, veut estre conduit auec addresse ; les Amours veulent estre ménagés auec prudence:

Arte leues currus, arte regendus amor.
Ouid. lib. 1. de arte.

SI vous admettés la necessités des preceptes dans l'Amour du monde, pourquoy refusés-vous les methodes que l'on vous donne, d'aymer Dieu: Ne sçaués vous pas qu'on n'y peut reüssir heureusement sans conduite? & que ceux qui se croyent les plus éleués dans cet estat de perfection, sont aussi temeraires que ce ieune Phaëton, qui s'appuyant sur ces propres forces, ne manque point de tomber.

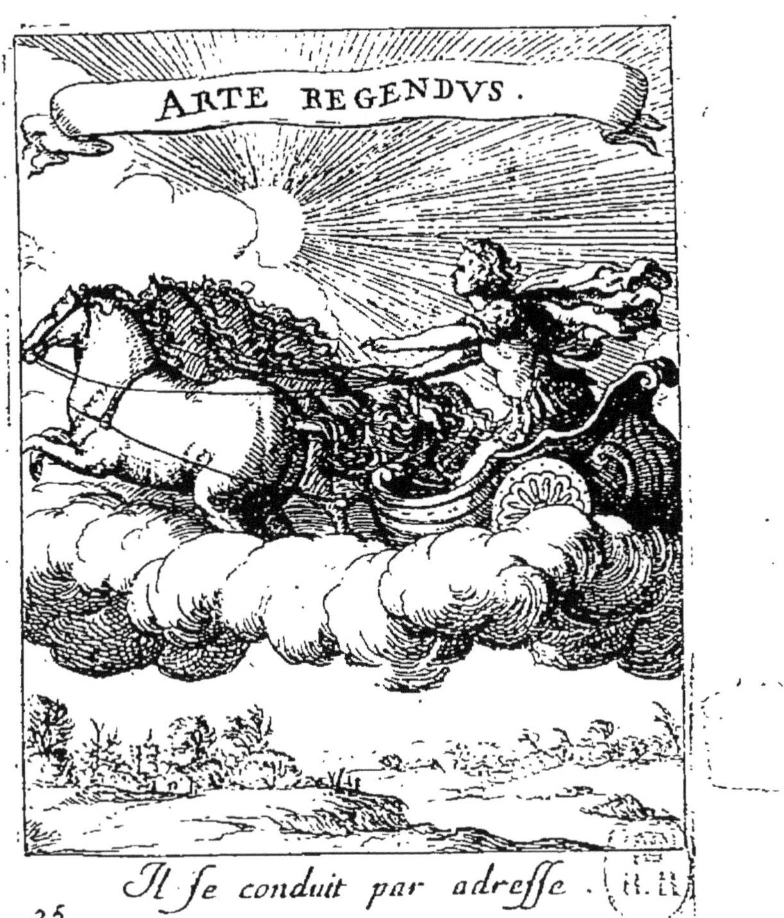

Il se conduit par adresse.

25

CEVX qui ont laiſſé des preceptes de l'amitié, veulent vne tres-grande correſpondance entre les amis : Ils demandent en leur vnion qu'il n'y ait que cette diſcorde à qui ſera le plus redeuable, & veulent iuger de cette belle habitude par la confidence; Telle qu'eſt la communication, diſent-ils, telle eſt l'amitié : Ciceron la demande ſi entiere & ſi accomplie, qu'il veut qu'on puiſſe regarder ſon amy, comme vn portrait de ſoy-meſme, *Amicum qui intuetur, exemplar intuetur ſui.*

L'AMOVR détache l'ame du corps qu'elle anime, pour l'vnir à ce qu'elle ayme; & par vne merueille qui ſurpaſſeroit toute creance, ſi elle n'eſtoit ſi commune, elle deuient ſemblable à ce qu'elle cherit. C'eſt de là que les Saincts tirent leur gloire, & que la verité qui parle par leurs bouches, les oblige de confeſſer qu'ils viuent plus en IESVS-CHRIST qu'en eux-meſmes: *Viuo ego iam non ego, viuit verò in me Chriſtus*, dit l'Apoſtre S. Paul, diuinement inſtruit dans la nature de cet amour.

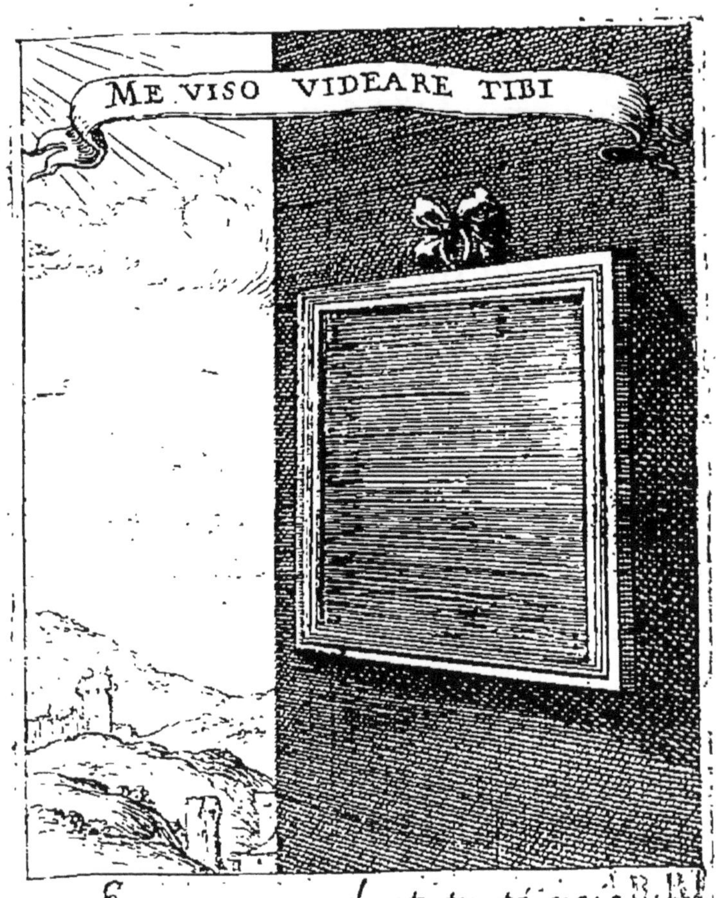

27 En me regardant tu té vois.

VIRGILE dans les Eglogues explique par vn mot ce qui se peut tire sur ce sujet:

Qui amant sibi somnia fingunt,

Les pensées des Amoureux sont semblables aux idées de celuy qui someille, & tout ce que les songes produisent de fâcheux, déplaisant, d'agreable, de ridicule, d'extrauagant, sert de suject à l'occupation de leurs esprits, lesquels n'agissant plus qu'au trauers de cette passion, voyent bien autant de bigarures, que l'œil qui regarde au trauers de cette lunette.

POVRQVOY donc tant de tourments? pourquoy tant de peines? pourquoy tant d'allées & venues? pourquoy tant de fatigues desprit, puis que le sujet de toutes tes jaloüsies n'est qu'vn songe? Tu cours apres vn fantôme, tu suis vne fumee, & quand il y auroit quelque verité en ton soupçon, en bonne foy, voudrois-tu trouuer ce que tu cherches?

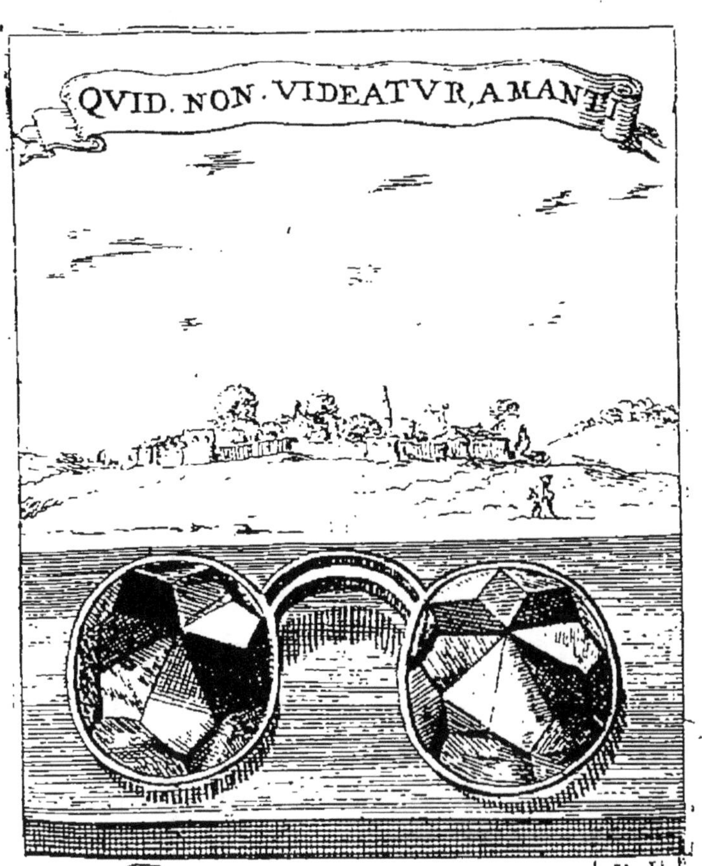

29 *Il ny a rien quil ne voie*

SI les liens de cet arbre sont necessaires pour le conseruer, ceux de l'amitié ne le sont pas moins pour maintenir la societé ciuile; si ceux-là font croistre cette greffe, ceux-cy augmentent le monde; si cet ante ne se peut passer des siens, aussi font les hommes de leurs. Et c'est sans doute cette impossibilité, qui fait que les Romains ont appellé les amis necessaires, comme qui diroit *necessarios*, & l'amitié *necessitudo*; laquelle seule suffit à la conseruation du monde, les loix n'ayants esté introduittes que pour nous contraindre par leur authorité, aux choses où l'amitié estoit capable de nous porter volontairement.

SAINCT Bernard nous fournit vne belle pensée à ce propos: il remarque trois sortes de liens en IESVS-CHRIST: Les cordages, les clouds, & les parfums, & parce que ces deux premiers ne representent que la crainte & les promesses, il les quitte bien-tost, & demeure pendant trois iours renfermé dans son tombeau auec ces aromates symbole de la Charité.

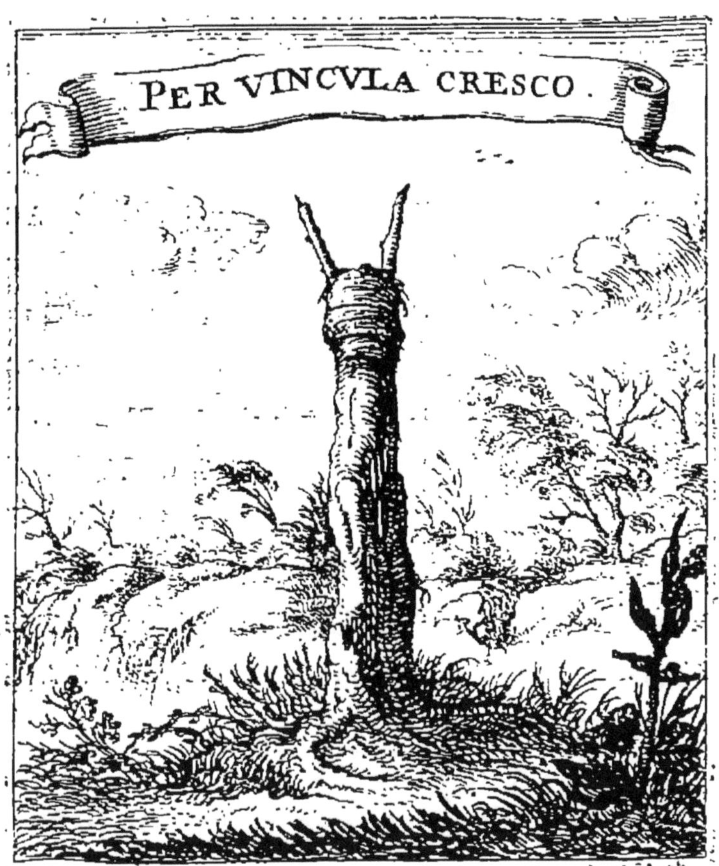

31 *Le lien me faict croistre.*

CE Chien a suiuy son Gibier, tant qu'il a couru deuant luy, maintenant qu'il est abbatu, il le neglige, & tout prest à poursuiure celuy qui partiroit de nouueau; il conserue indifferēce pour celuy qu'il attere: Ainsi fait-on pour l'ordinaire dans l'amour, tant que l'on trouue de la resistance l'on poursuit; plus l'on rencontre d'oppositions, plus l'on s'efforce de vaincre: Et si l'on est si heureux que d'obtenir ce que l'on demande, c'est pour lors qu'on méprise ce que l'on estimoit si fort auparauant, *Cui peccare licet peccat minus, ipsa potestas semina nequitiæ languidiora facit.*

C'EST icy où les Amoureux de l'vn & de l'autre sexe peuuent prendre leçon, les Filles apprendront à conseruer auec soin ce qu'elles ne peuuent perdre qu'vne fois; les hommes à negliger de bonne-heure ce qu'ils doiuent mépriser, aprés beaucoup de peines; Et tous ensemble, s'ils veulent ouurir les yeux, découuriront les adresses du malin Esprit, qui les porte tousjours à souhaitter ce qui est defendu.

Nitimur in vetitum semper, cupimusque negata. Ouide.

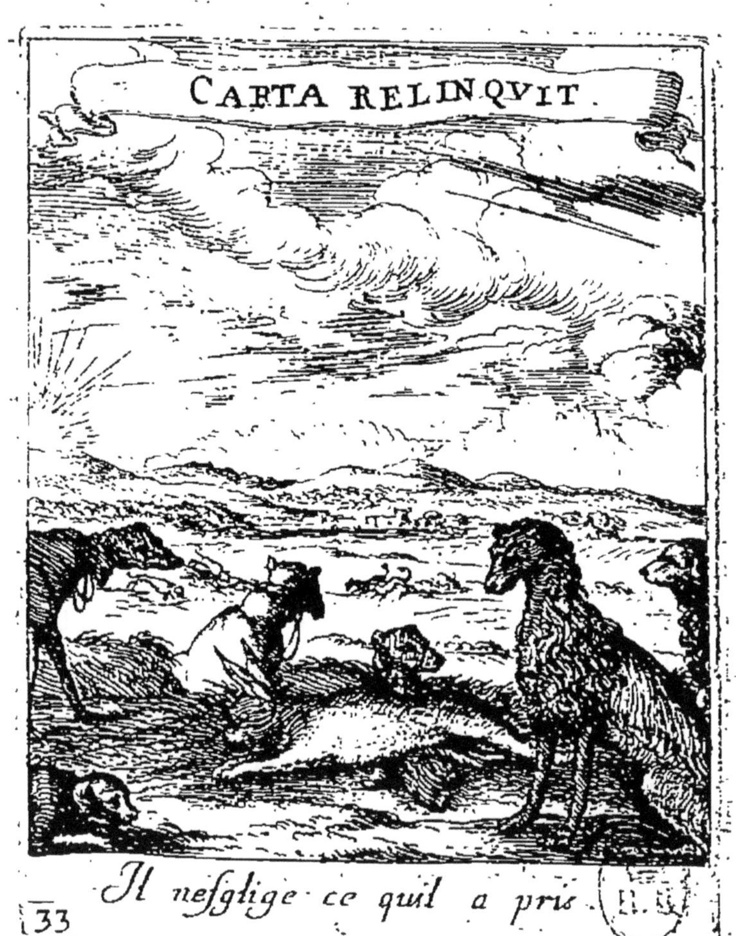

33 *Il nesglige ce quil a pris.*

IL en est des belles & sages filles comme du Soleil, qui eschauffe tout le monde sans auoir en soy aucun degré de chaleur ; il enuoye ses rayons aux autres corps, sans qu'il reçoiue atteinte d'aucun.

QVE si tu ne crois pas les pouuoir éuiter, & que tu t'imagine estre dans vn âge auquel ce doux mal semble inéuitable, & presque necessaire ; pren soin de gouster de cette passion comme du miel, mediocremẽt, de peur de vomir ; prise moderément, elle éueille l'ame, luy donne vne chaleur agreable qui n'est point sans lumiere ; C'est elle, disoit Platon, qui est mere de l'honesteté, de la gentillesse, de la politesse, & de toute vertu : Mais aussi, si tu en tastes auec excés, elle offusquera ton iugement ; elle assoupira les facultés de ton ame, & affoiblira tes nerfs en sorte, que de corps & d'esprit, tu ne paroistras plus qu'vne schelette.

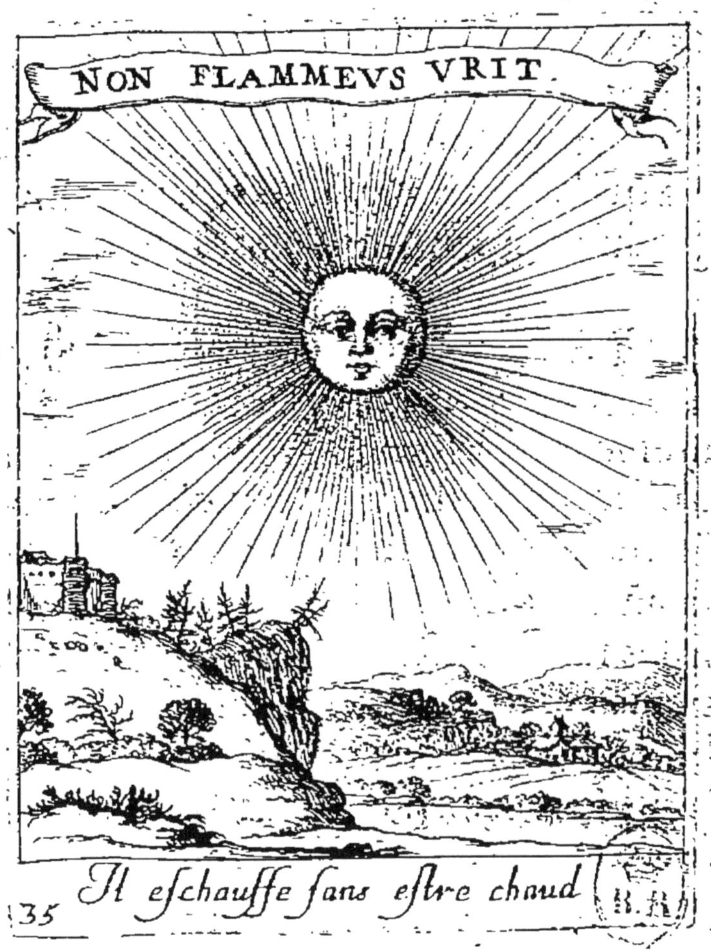

35 *Il eschauffe sans estre chaud*

ESTES-vous de loisir ? aymés, & vous ne manquerés pas d'occupation;

Qui non vult fieri desidiosus amet.

Quiconque ne veut point estre oisif, n'a qu'à aymer, dit Ouide en la 9. Elegie du premier Liure de ses Amours.

MAIS sans vous en r'apporter, au dire d'vn Poëte, faites-en vous méme l'experiẽce; & pour ne point trauailler inutilement, logés d'abord vos inclinations en lieu où elles puissent trouuer employ sortable à leur nature. Elles sont fermes, que leur sujet ne soit point changeant; Elles sont raisonnables, qu'il ne soit pas hebeté; elles sont legitimes, qu'il ne soit pas defendu; Elles sont creées pour l'eternité, qu'elles prennent vn object qui ne puisse finir.

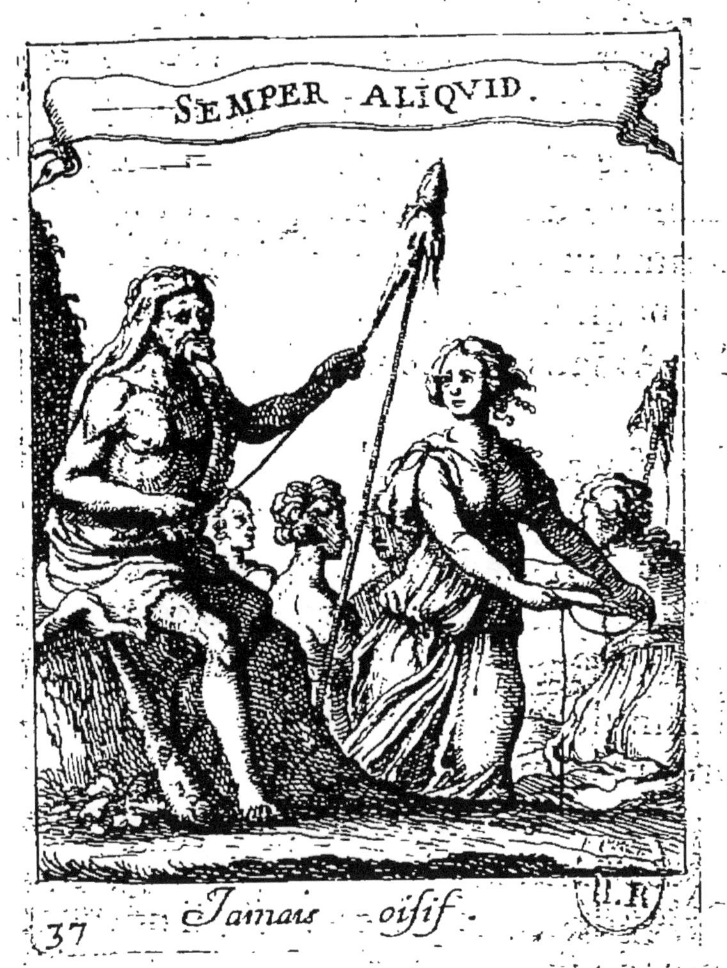

37 *Jamais oisif.*

LE feu de l'Amour, non plus que celuy de la poudre, ne se peut enfermer; & celuy-là, comme celuy-cy, ne fait iamais tant d'effet, que quand il est le plus serré; Cette passion affectueuse est langagere, & comme les animaux qui sont piqués de l'auertin, se manifestent par leurs cris, ainsi font les Amans par leurs plaintes.

ESPRITS superbes, qui cherchés à vous faire cognoistre, hommes vains qui tasches à immortaliser vos actions, & les rendre publiques, en voicy le secret: Le feu de l'Amour ne se dissimule point, il se trahit par sa propropre lumiere:

——— Quis enim celauerit ignem
Lumine qui semper proditur ipse suo.

Celuy de Dieu est eternel, il ne peut auoir de fin: Aymez donc Dieu, & les pretensions de vos esprits se trouueront heureusement accomplies.

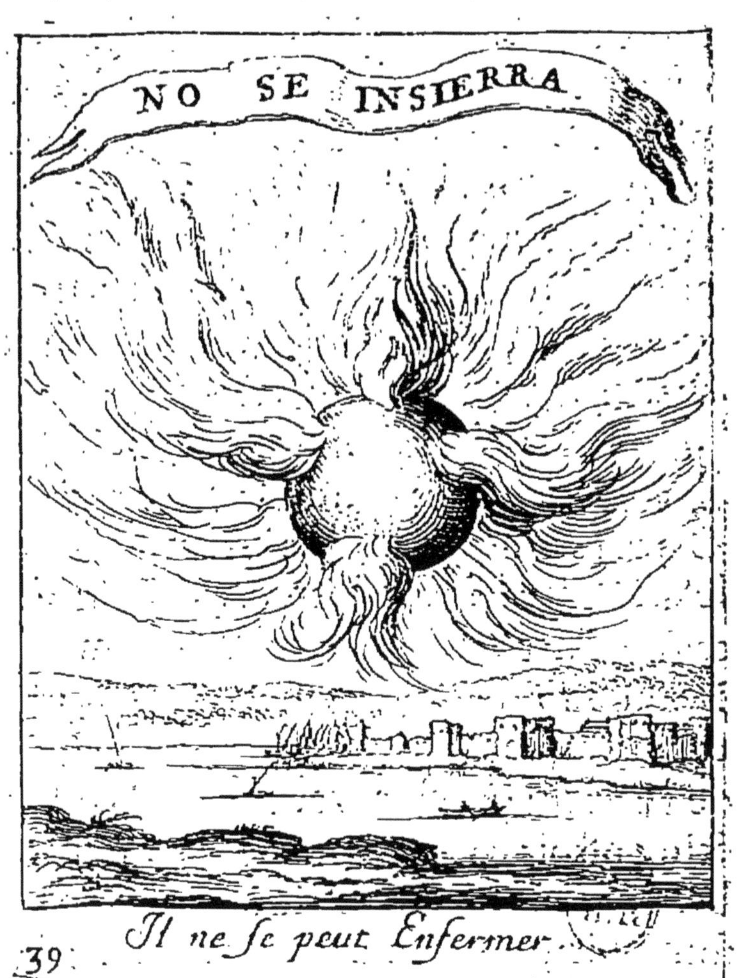

Il ne se peut Enfermer

39

COMBIEN d'exemples ont verifié la verité de cet emblesme ? L'Amour fit resoudre Hercule d'aller iusques au plus profond des Enfers, Orphée va chercher sa chere Euridice, jusques dans l'Empire des morts, Pylades & Orestes veulent mourir l'vn pour l'autre, Castor & Pollux partagent ensemble aussi bien la mort que la vie.

MAIS raisonnons plus sainctement : l'Amour de IESVS-CHRIST ne l'a-t'il pas fait mourir sur le Caluaire ? Et sur cette mesme Montagne n'a-t'il pas triomphé de la mort ? Beaucoup de Saincts encouragés par cet exemple, sont morts par vn excez de charité : on en a veu, dont la dilection estoit si forte, qu'elle allumoit vn brasier dans leur poictrine qui les consommoit ; On en a trouué, dont le cœur s'est fendu par la violence de leur Amour.

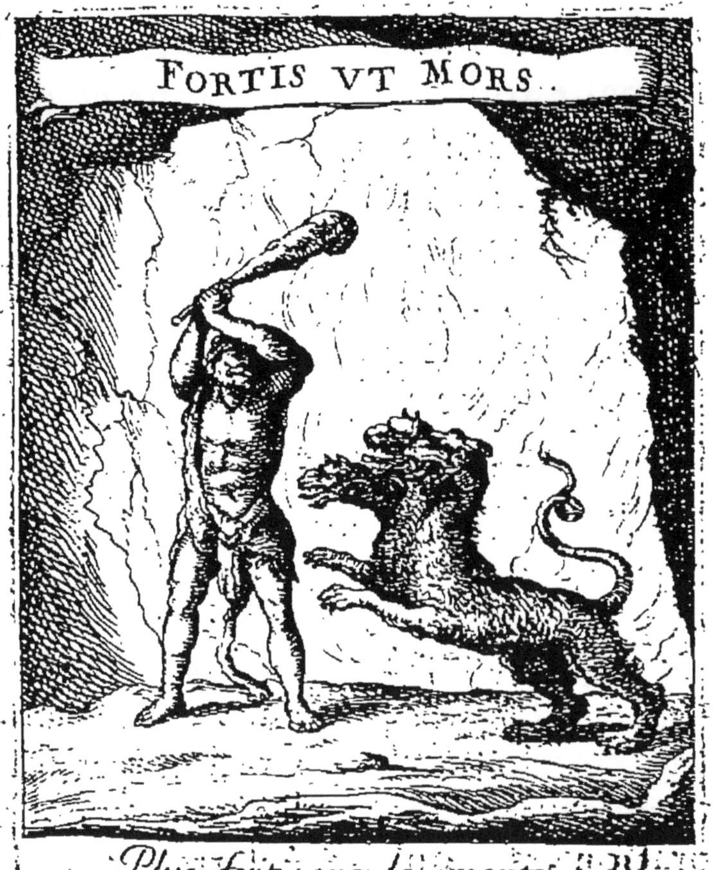

Plus fort que la mort

41

CE flambeau aussi bien que celuy de l'Amour, a le plus d'effet lors qu'il est le plus prés de s'esteindre; il ramasse toutes ses forces dans ce dernier combat : & comme si la nature qui s'oppose tousiours à la destruction de son ouurage luy en donnoit de nouuelles, il élance ses flammes, & les fait voir dans le milieu de l'air, au lieu qu'auparauant elles demeuroient attachées à la matiere de ce mesme flambeau.

QVE cette deuise seroit proprement appliquée à la mort du Iuste, *Moriendo corruscat* : c'est dans le moment de cette heureuse separation que son ame brille de toutes les vertus qu'il a pratiquées, qu'elle éclatte de toutes les bonnes actions qu'il a faites, qu'elle reluit de toutes les œuures de charité qu'il a exercées; & c'est pour cela qu'elle est dite dans l'Escriture precieuse aux yeux de Dieu : *Prætiosa in conspectu Domini, mors Sanctorum eius.*

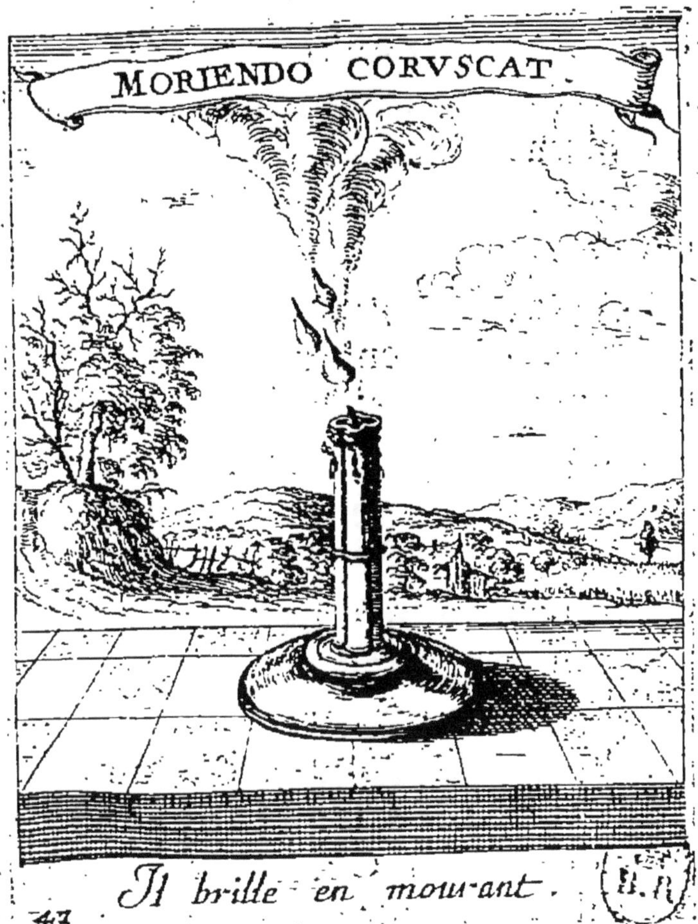

Il brille en mourant.

43

LE Phœnix, disent les Naturalistes, reuit de sa cendre, il se brusle, & dans l'esperance qu'il a de se voir renaistre, il entretient vn Amour qui n'est pas infructueux:

Vritur, nec sterilem sperando nutrit amorem.

Quand cette imagination ne seroit pas veritable, elle vient trop bien à nostre suject pour la rejetter; & comme elle s'explique d'elle-mesme, ie reserue le reste de cette page pour la moralité.

VOicy vne bien naïfue representation du Chrestien, qui ne peut viure à la grace que par la mort qu'il reçoit dans le Baptesme; Il faut qu'il soit enseuely dans le sepulchre que l'Amour de IESVS-CHRIST luy a basty, s'il veut viure sous la Loy que Dieu luy a prescripte; il faut qu'il s'aneantisse, s'il veut estre quelque chose aux yeux de l'Eternel : & qu'il face mourir en luy la vieille creature, pour y establir la nouuelle.

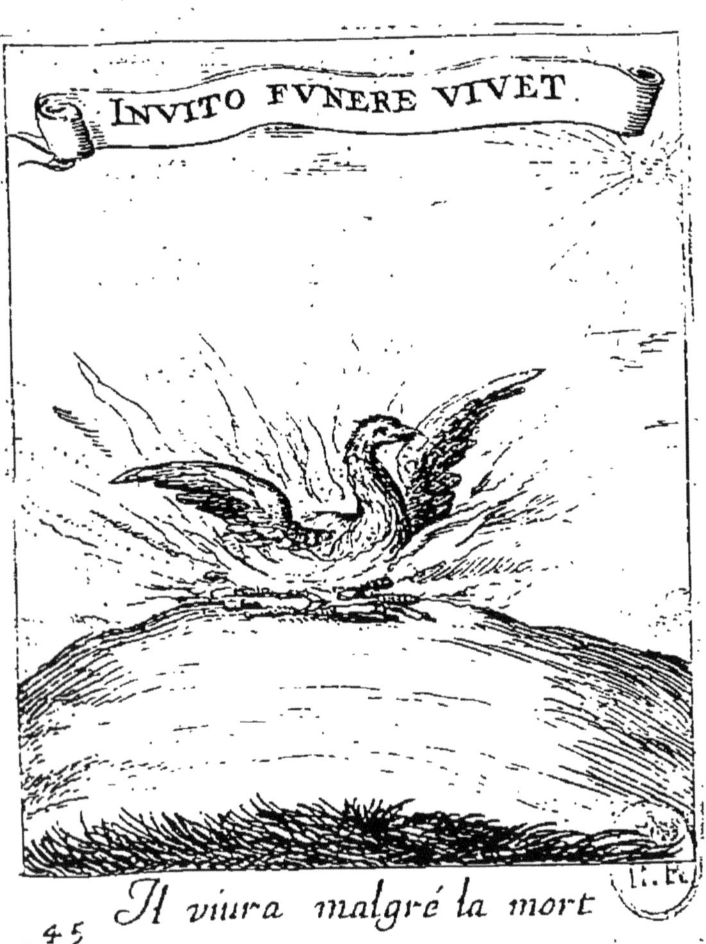

45 *Il viura malgré la mort*

LA peau de l'Asne seruant à faire les tambours, on peut dire qu'il combat apres sa mort, & ces vieux Amants, à qui le temps a plus laissé de paroles que défects, n'estans desormais bons qu'à porter les autres au combat, ne doiuent point se fascher, si en ce sens ie les compare à cet animal.

MAis qui sont ceux qui combattent veritablement apres leur mort ? ce sont ces genereux Athletes, qui estants morts vne fois au monde, luy liurent tous les iours des assauts; Ce sont ces chefs de reforme qui combattent encore cent ans apres leur mort contre les vices; Ce sont ces Martyrs glorieux, dont le sang separé de leurs veines, ne laisse pas de destruire l'impieté.

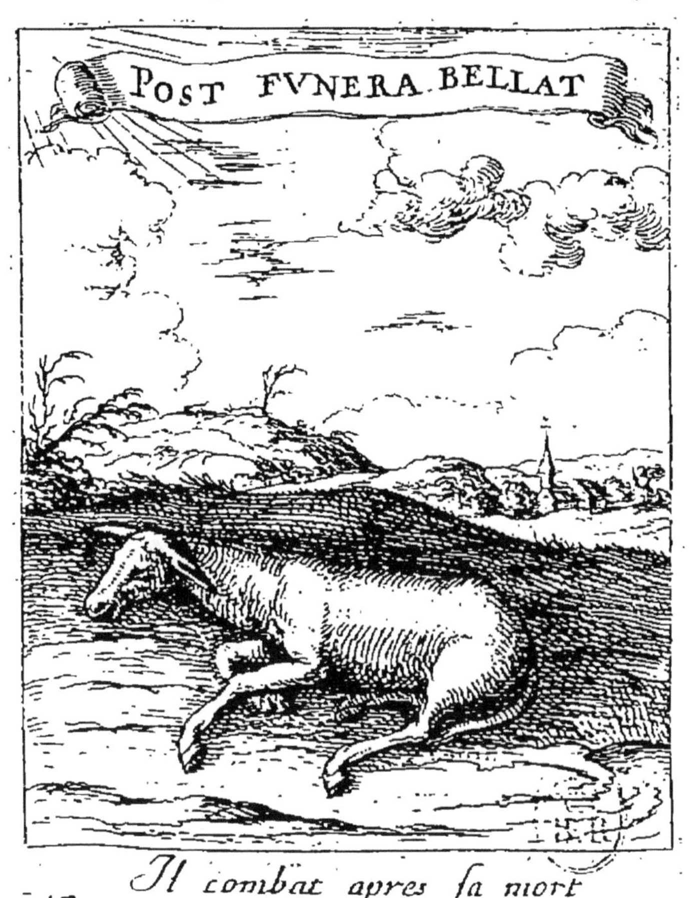

47 *Il combat apres sa mort*

CE Soleil ne laisse pas de brusler, & pour l'ordinaire le rayon qu'il darde au trauers de la nuée est le plus cuïsant : Qu'vne œillade lancée du coin de l'œil a d'effet ! Qu'vn regard contraint est violent ! Qu'vn cœur veritablement amoureux est échauffé par les oppositions qu'il trouue en ses recherches.

QVOY que les regards de Dieu soyent tousiours fauorables, & que dans le sentiment des Peres regarder & faire misericorde soient la mesme chose dans la Diuinité ; il est neantmoins vray, que quand cette œillade Amoureuse vient à percer les nuages épais des vices qui enuironnent vne ame, son rayon agit auec tant d'éfficace ; qu'il ne manque point de former des ouurages tres-accomplis dans l'ordre de la grace.

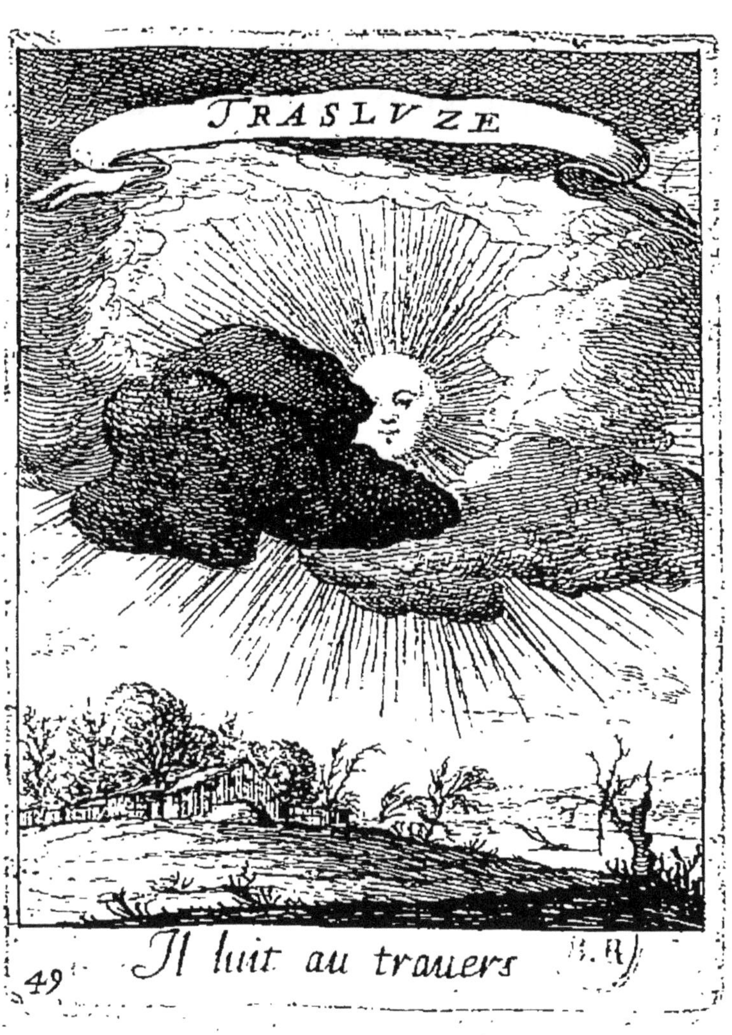

49 Il luit au trauers

E

ON ne conçoit pas l'ardeur du feu qui consomme vn Amant, ce qu'il renferme dans sa poitrine est bien plus violent que ce qu'il fait exhaller par ses soupirs ; ce mal se ressent, & ne se peut exprimer ; tout ce que l'on en peut dire, est qu'il brusle d'autant plus qu'il est caché :

Quoque magis tegitur, tectus magis æstuat ignis.

Et sa moindre étincelle est vne marque d'vn fort grand embrasement.

CET Amour illicite que tu nourris dedans ton sein, iette des flammes qui gaignent insensiblement tes entrailles, son feu se glisse dans tes arteres, & détruit en sorte toutes les parties de ton miserable corps, que les plus méchantes plantes seront celles qui y ietteront les plus profondes racines: Ouide sera caution de ce que i'auance:

Interea tacitæ serpunt in viscera flammæ,
Et mala radices altius arbor agit.

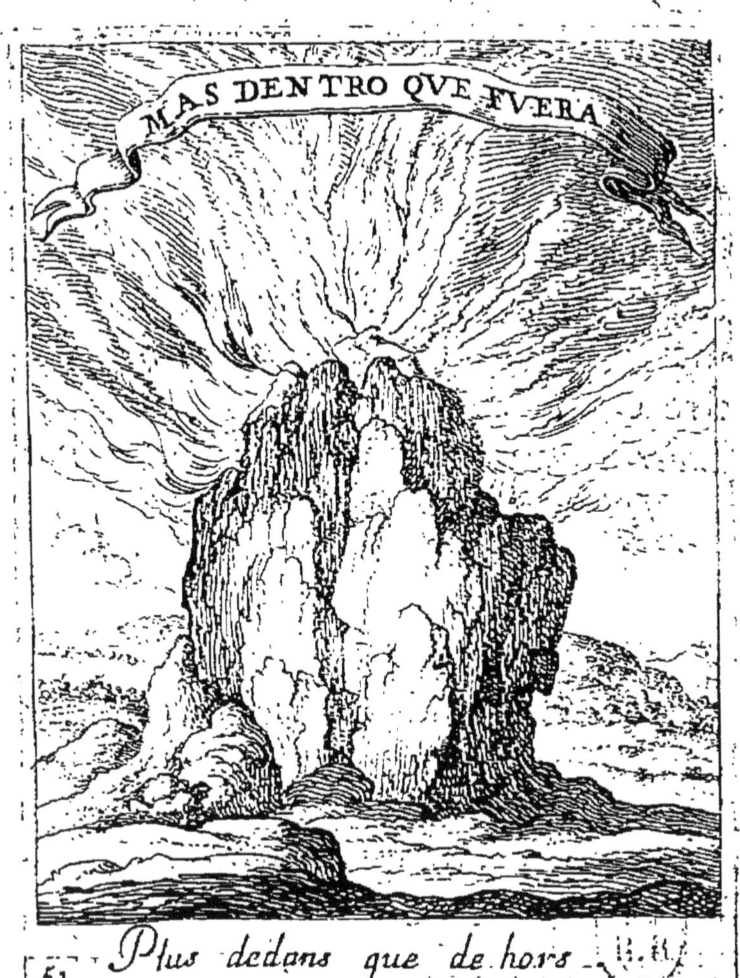

51 *Plus dedans que de hors*

LE pouuoir de l'Amour est si vniuersel, que iusques icy nous sommes à voir paroistre vn homme qui luy ait resisté :

—*Omnia vincit amor* : dit Virg.

Et il est si absolu, qu'on ne s'y soubmet iamais qu'on ne renonce à toute liberté ; en sorte que si quelqu'vn veut aymer, il faut qu'il prenne resolution d'estre esclaue:

Libertas quoniam nulli iam restat amanti,
Nullus liber erit si quis amare volet.
Propert. lib. 2.

LEs Anciens ont reconnu ce pouuoir si grand, qu'ils y ont soûmis leurs Diuinités plus puissantes ; mais sans auoir recours au Paganisme, que croyons-nous de nostre Dieu ? ne sçauons-nous pas ce que l'Amour luy a fait faire ? Puis donc qu'il faut subir ce joug, voyons à le prendre le moins rigoureux qu'il nous sera possible ; puis qu'il faut renoncer à nostre liberté, que ce soit en faueur de IESVS, dont l'esclauage est tres-doux, & tres-agreable.

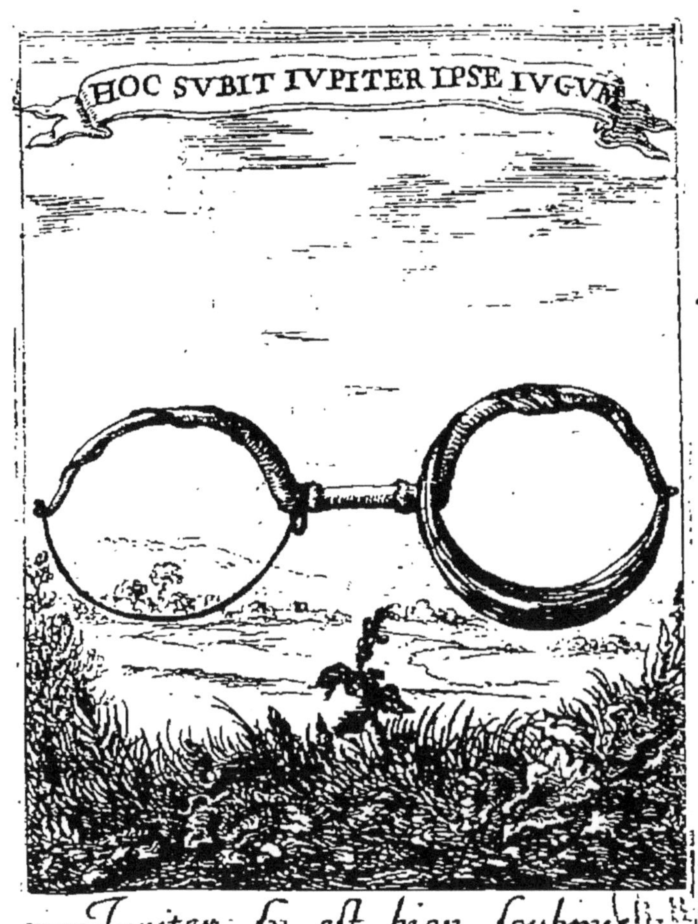

53 Jupiter s'y est bien soubmis.

IL n'y a rien de plus doux que ce mouton, lors qu'il est dans son naturel, & maintenãt qu'il est aigry vous le voyés en cholere: il a fallu du temps pour l'agasser, il s'est mocqué des premiers coups que cet enfant luy a donnés; à present il l'attaque le premier, il va droit au choc, il ne veut plus de paix, tant il est vray que la patience offensée dégenere en furie; Si donc vous voyés quelqu'vn qui vous souffre, qui vous tesmoigne volontiers affection, ne le mesprisez iamais quelque doux & patient qu'il puisse st re.

ET pour vous donner vne instruction plus solide, qui regarde vostre particulier, comme la precedente auoit pour but la societé; souuenés-vous que la souffrance est recommandée en mil endroits dans l'Escriture; Que Salomon au 14. de ses Prouerbes met la patience comme vne marque de sagesse; & qu'en fin il ny a que la perseuerance qui soit couronnée dedans les Cieux.

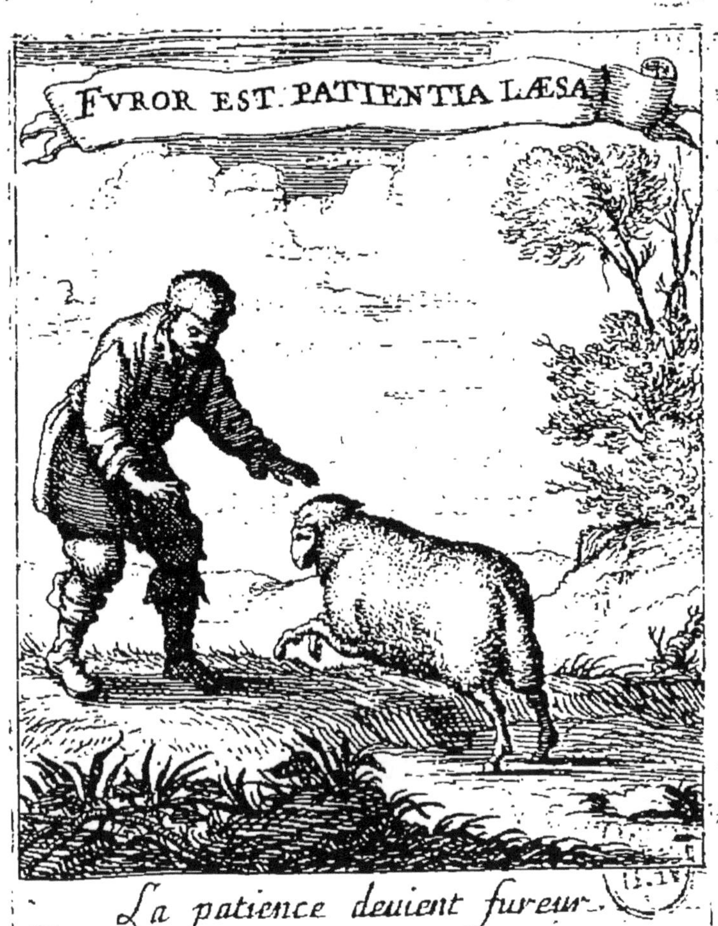

La patience deuient fureur.

55

CEvx qui ont approfondi les secrets de la nature disent, qu'il y a vne inclination si parfaicte & reciproque entre ces arbres masles & femelles, qu'ils ne peuuent viure éloignés les vns des autres; qu'ils abbaissent leurs palmes, & courbent leurs troncs pour se ioindre, sans que les riuieres qui passent entre deux, les en empeschent. Que si l'vn est malade, l'autre s'en ressent, & beaucoup d'autres proprietés qui feroient rougir les amitiés les plus raisonnables.

VEnez tous tant que vous estes, que le Sainct nœud de l'Amour a vnis, venés & prenés leçon de ces Palmiers qui vous disent secrettement

Nunc duo concordes anima moriemur in vna.

Quoy que nous soyons deux en effect, l'Amour neantmoins nous a si bien ioints, qu'il semble que nous n'ayons plus qu'vne ame.

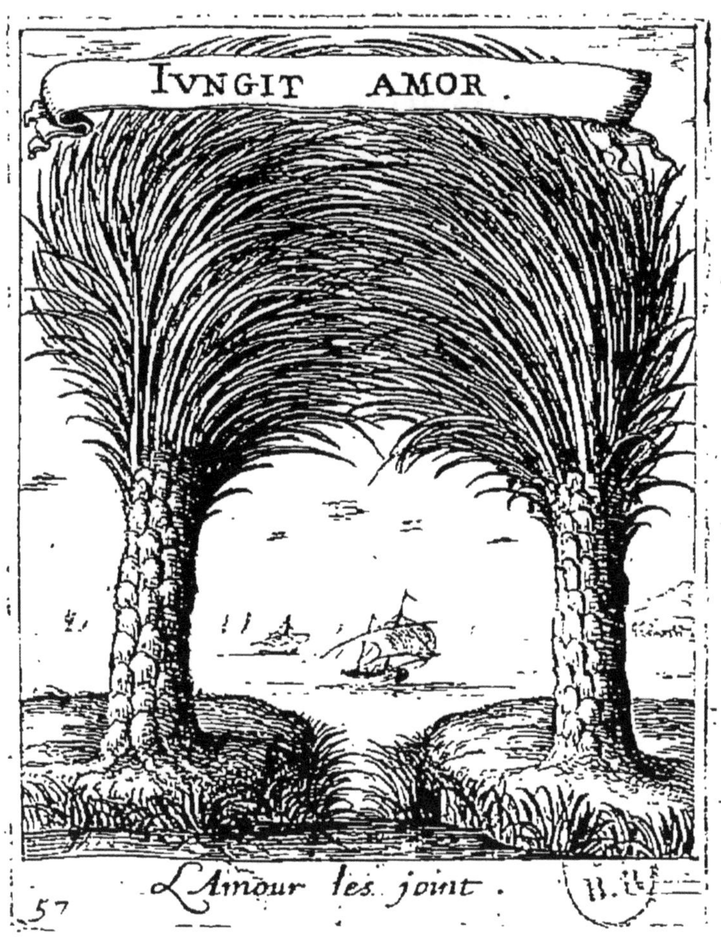

57 L'Amour les joint.

QVOY que ces deux Palmiers ne se puissent iamais toucher, ils ne laissent pas neantmoins de s'aymer. Et representent parfaictement ces amitiés veritables, qui ont vn object plus releué que le sensible & le brutal.

LE but de l'Amour ne doit point estre la possession, tant qu'il reside dans l'appetit raisonnable : on le nomme affection, quand il descend dans le sensitif, il se contente du nôm de passion ; Et s'il veut passer pour veritable amitié, il faut qu'il s'appuye de la vertu, il faut qu'il s'établisse sur l'honesteté, ou qu'il renonce à la premiere loy que luy prescrit Ciceron, *li.1. de Amic. Hæc igitur prima lex amicitiæ sanciatur, vt ab amicis honesta petamus, amicorum causa honesta faciamus*, c'est à dire que nous ne deuons rien demander à nos amis, ny faire à leur occasion que d'honneste.

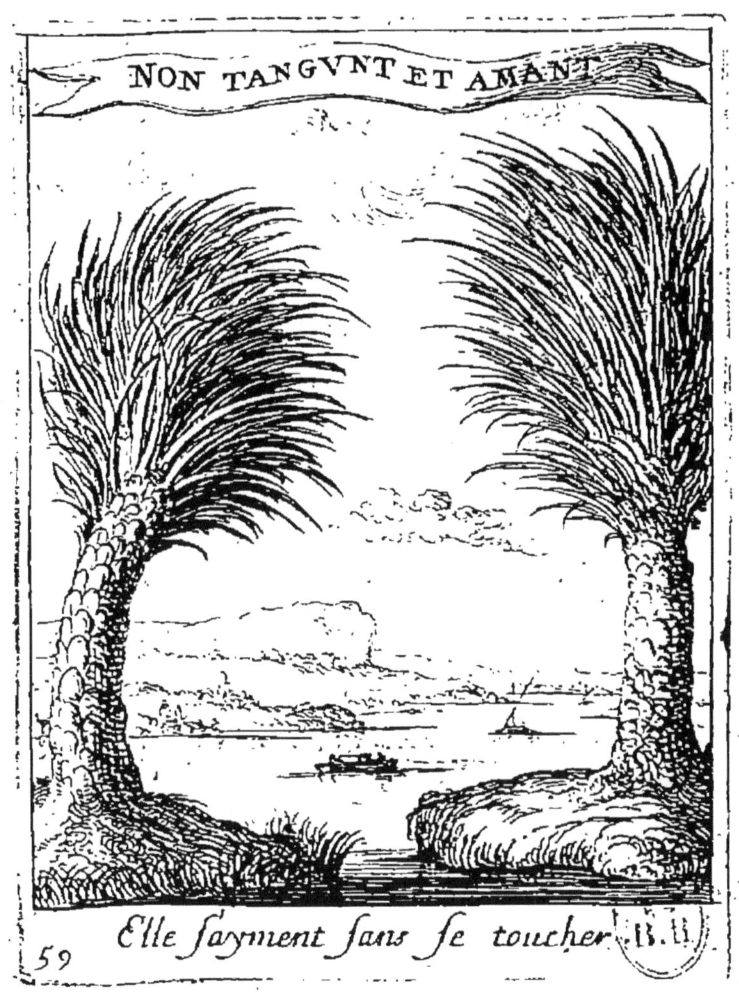
NON TANGVNT ET AMANT
59
Elle s'ayment sans se toucher

LE poids de l'Amour est bien different des autres, qui retiennent immobile la personne qui leur est attachée ; il éleue le courage de l'vn, il abbaisse la naissance de l'autre ; il éuertüe le timide, il égaye le triste & melancolique ; il raieunit le vieillard, il rafollit le sage ; en vn mot, l'on peut dire qu'il donne le mouuement à toutes les creatures.

VOus aués bien fait paroistre, mon Dieu, que vostre Amour estoit vn poids, & que ce poids donnoit le branle à toutes vos actions ; vous estes descendu du Ciel, vous vous estes incarné dans le ventre d'vne Vierge, vous vous estes assuietty à nos miseres ; vous auez souffert des tourmens inconceuables, vous estes mort dans la violence des supplices, & tout cela pour des creatures qui en demeurent fort mécognoissantes.

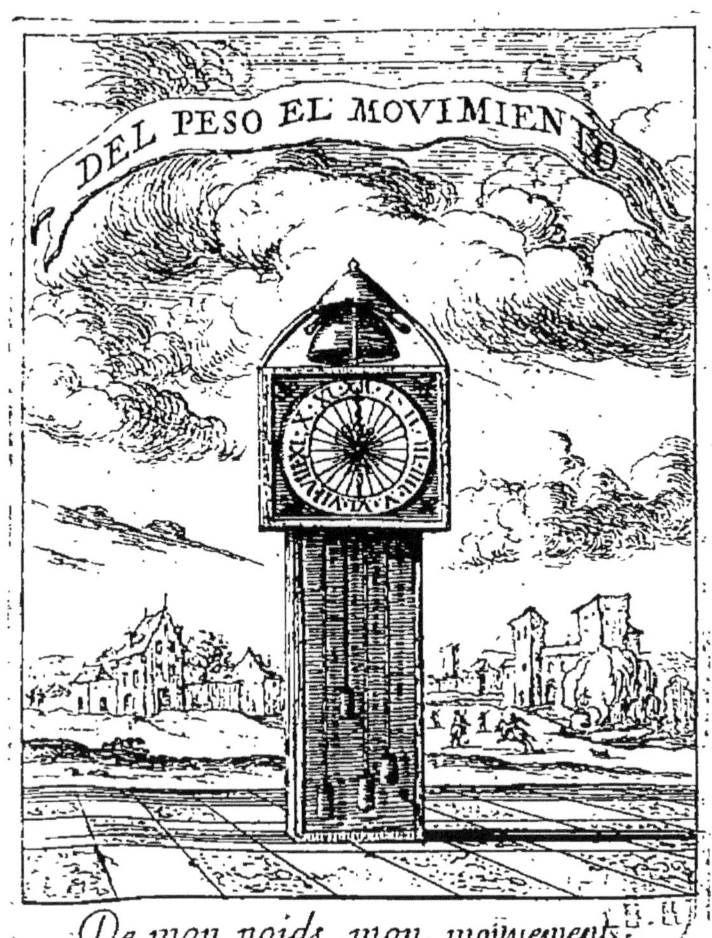

De mon poids mon mouuement.

61

LA condition des Princes ne souffre pas que cette belle vertu, qui se plaist à vnir si estroitement les cœurs où elle s'attache, ioigne ceux où il y a tant d'inégalité; *Non bene conueniunt, & in vna sede morantur maiestas & amor.* Pour faire le personnage d'amy, il faudroit quitter celuy de Roy; pour esleuer quelqu'vn iusques à sa Majesté, il faudroit qu'elle s'abbaissast plus qu'elle ne sçauroit hausser; Toutes choses doiuent estre communes entre deux personnes qui sont étreintes par le sacré lien d'amitié; la Couronne & le Sceptre qu'il porte ne sont point communicables à d'autre teste, ny à d'autres mains que les siennes.

CEPENDANT nous pouuons contracter amitié auec le Prince des Princes, il est si bon, qu'il s'est abbaissé iusques à nous, serons-nous si lasches que de ne vouloir pas nous éleuer iusques à luy?

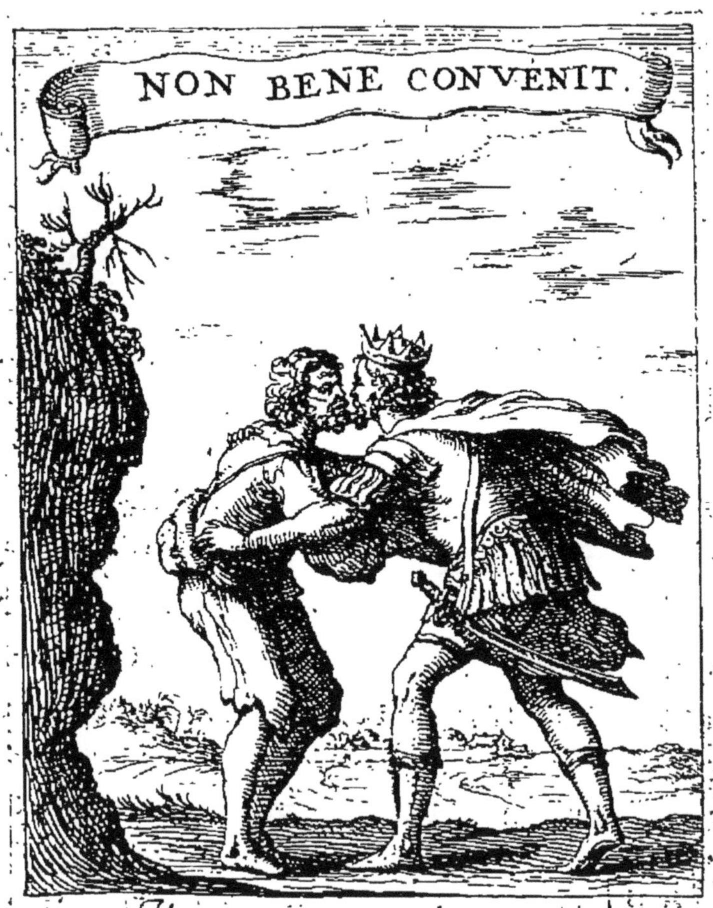

Il n'y a point de rapport.

63

ESTENDONS l'explication de cet Embléme, afin de nous moins tromper : l'Amour du monde est tousiours nuisible, de quelque façon que vous le preniés : Soit que vous aymiés, soit que vous ayez aymé, ie ne m'informe pas à qu'elle fin ; Ne se trouue-t'il pas beaucoup de momens, dans lesquels les suittes de cet Amour seruent de matiere à vos regrets ?

SI vous estes si heureux que de ne l'auoir point experimenté iusques à present, ie ne vous conseille pas de commencer ; contentez - vous de vous en rapporter aux autres qui ont esté assés simples pour suiure cet aueugle, lequel veritablement a raison de se boucher les yeux ; car s'il voyoit la fin miserable où il precipite ceux qui sont atteints de ses flesches empoisonnées, & de son brandon furieux, il auroit pitié de leur desastre, & ne feroit pas tant de rauage dans le monde.

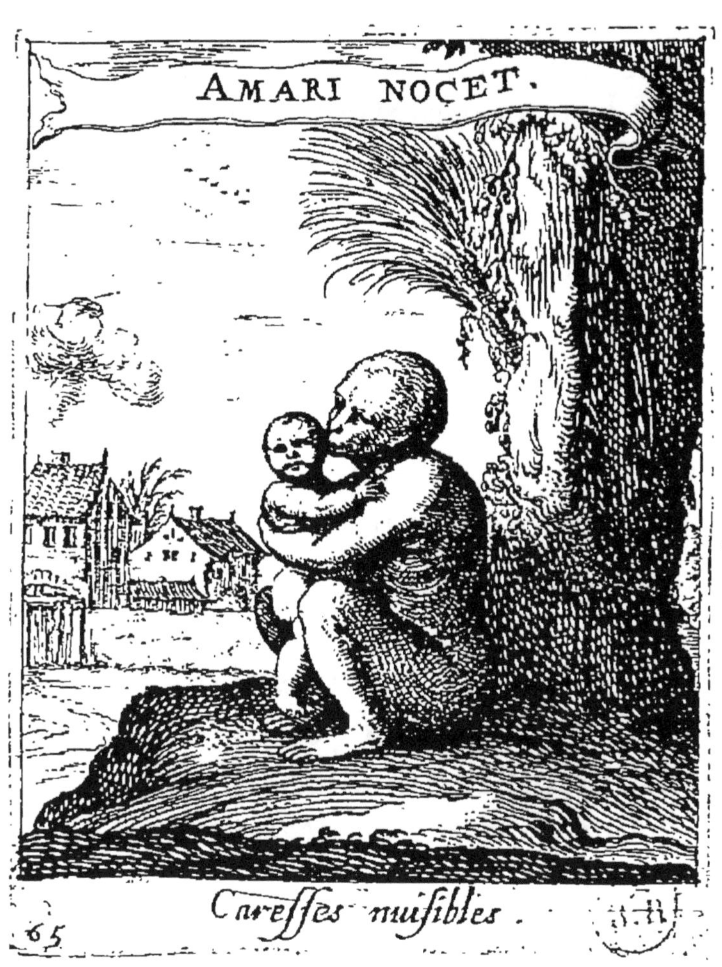

Caresses nuisibles.

65

F

COMBIEN d'Amoureux ont fait la mesme chose ? au commencement leur inclination estoit fort debile, & leur complaisance estoit comme le foible filet de ce ver à soye: mais qui grossissant par ses replis, & se meslant par ses allées & venuës, forme enfin cette épaisseur si solide, qu'il est contraint d'y demeurer renfermé. Car cette complaisance deuenuë Amour, cet Amour a si bien captiué leur sens & leur raison, qu'ils se sont mis en pire estat que les plus reserrés prisonniers.

PVISQVE vous vous plaisés si fort dans la captiuité, changés ces fers en des chaisnes qui soient d'or:

Ament & aurea erunt vincula.

Aymés ce qui merite de l'estre, & vous pourez vous glorifier de vos liens, comme S. Paul autresfois tiroit auantage des siens, *Vnusquisque suis vinculis glorietur, sicut gloriabatur Paulus dicens: Paulus vinctus* IESV CHRISTI. Ambros.

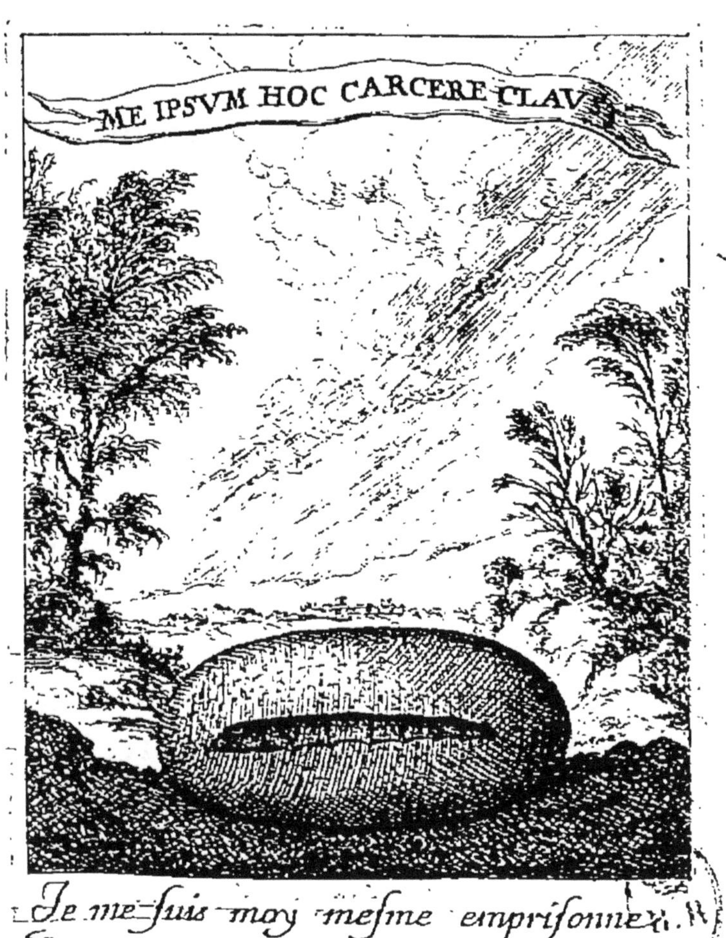

Je me suis moy mesme emprisonné.

67

COMBIEN de gemissemens, combien de sanglots, combien de soupirs? en vn mot combien de larmes espargnées, si le feu d'Amour n'embrasoit plus de cœurs?

CE sont veritablement ces larmes eschauffées par le feu de l'Amour qui sont precieuses deuant Dieu; Celles d'Antiochus, quoy que continuelles, ne sont point exaucées; celles de la Madelaine reçoiuent d'abord leur recompense; pourquoy cela? c'est que les taches de nostre ame ne s'effacent iamais par l'eau froide, cõme celles du drap & du linge ne s'emportent dans les laissiues qu'auec la chaude; si donc vous vous apperceués de quelque soüillure interieure, ayés recours aux larmes, elles y remedieront sans doute, pourueu qu'elles soient éleuées par la chaleur d'vn brasier diuinement amoureux.

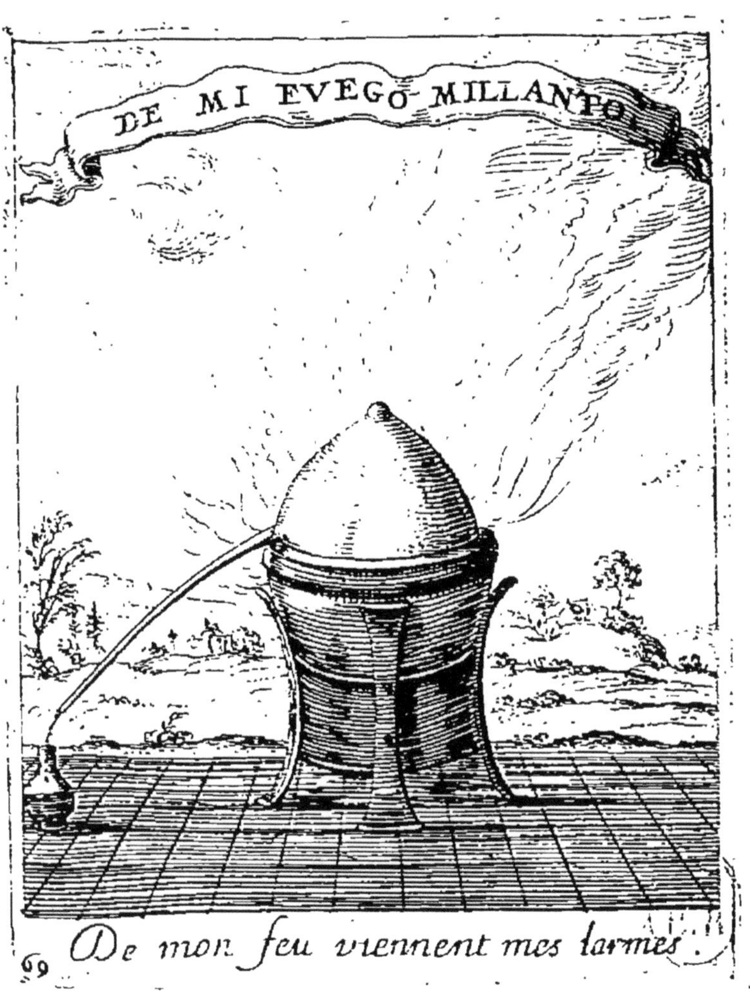

69 *De mon feu viennent mes larmes.*

IE ne m'informe pas ſi cette bonne odeur qui flatte maintenant mon odorat, ſe diſſipe par les trous de cette caſſolette; Pourquoy voulés vous que ie me mette en peine ſi cet objećt, qui ne peut ſatisfaire que le dernier de mes ſens, ſera de longue durée? Il m'importe bien peu qu'il periſſe, pourueu que dans ce moment il me plaiſe.

BELLE reſolution pour vn Amant, mais indigne d'vn homme raiſonnable; auſſi renonces-tu à cette derniere qualité, puis que ſuiuant les traces de l'Amour aueuglé, tu confirmes la penſée de Democrite qui le nommoit le ſonge des fols, & l'imagination des viuans; & te mets en eſtat de ne pouuoir rien entreprendre de ſublime, ny releué : *Nihil enim altum, nihil magnificum ac diuinum ſuſcipere poſſunt, qui pecudum ritu ad voluptatem omnia referunt.*

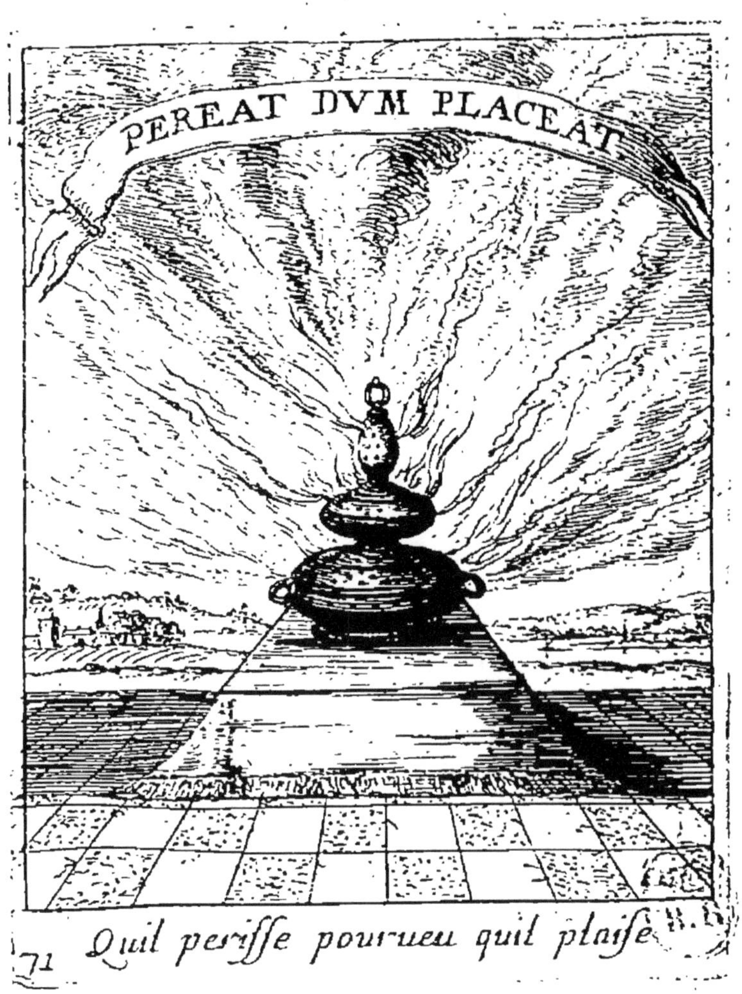

71 *Quil perisse pourueu quil plaise*

LE feu qui a si peu de chaleur est proche de s'éteindre, & celuy qui ayme, froidement est sur le poinct de n'aymer plus du tout; Ceux qui vsent en ce rencontre de moderation, sont soldats timides, indignes de la milice d'Amour, qui veut que l'on s'engage, & que l'on s'auanture en sorte dans la mélée, que l'on se perde en soy mesme, pour ne se plus trouuer que dans l'objet aymé.

NE faites pas le tort à cette maxime que de la rétraindre, elle a lieu par tout où l'Amour pretend quelque empire; vous l'aués veu, & peut estre pratiqué dans celuy du monde; Voicy S. Denys qui l'établit dans le Diuin, *Amor suo statu dimouet amatores, sui iuris esse non sinit, sed in ea quæ amant penitus transformat.*

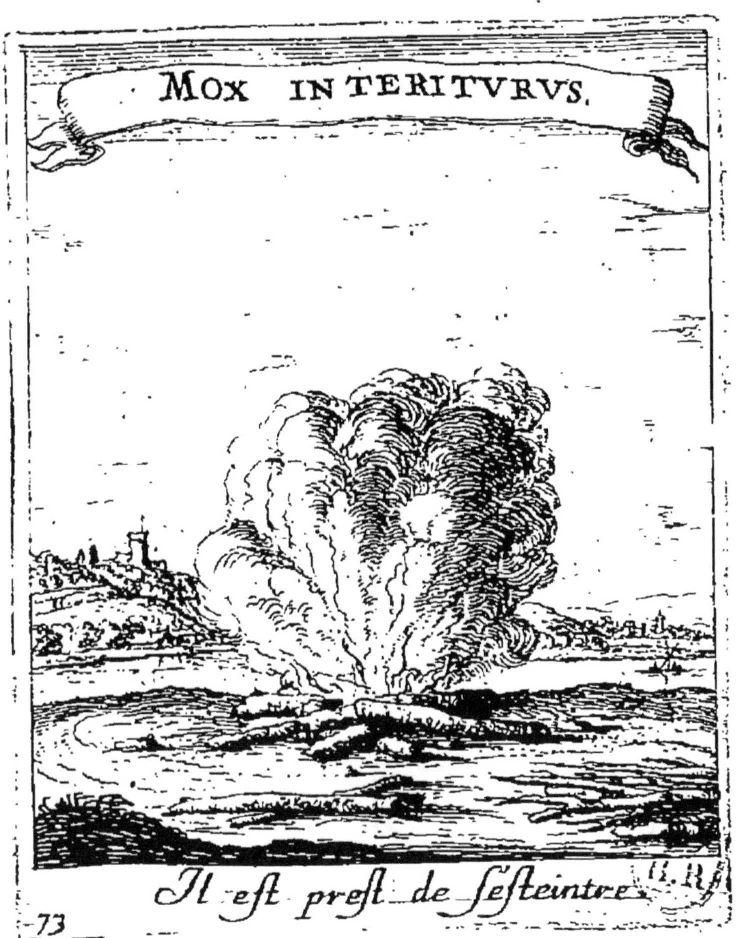

Il est prest de s'esteintre.

73

C'EST dans cette épreuue que l'on purge les metaux de toutes leurs imperfections, c'est par ce feu que l'on distingue leur alloy different, c'est en ce lieu que l'on iuge de leur validité; Ce que fait le feu materiel sur l'or & sur l'argent, celuy de l'Amour l'execute sur les esprits des humains; mais prenons vne seconde explication.

CETTE forge peut representer le monde, le feu sera le symbole des tribulations, dans lesquelles le iuste se trouue souuent entre les mains de Dieu, comme cet or en celles de l'Orfevre; C'est à dire qu'il y est purgé de toutes les ordures du peché, que sa constance y est éprouuée, & qu'il y est reconnu pour tel qu'il est veritablement & d'effect.

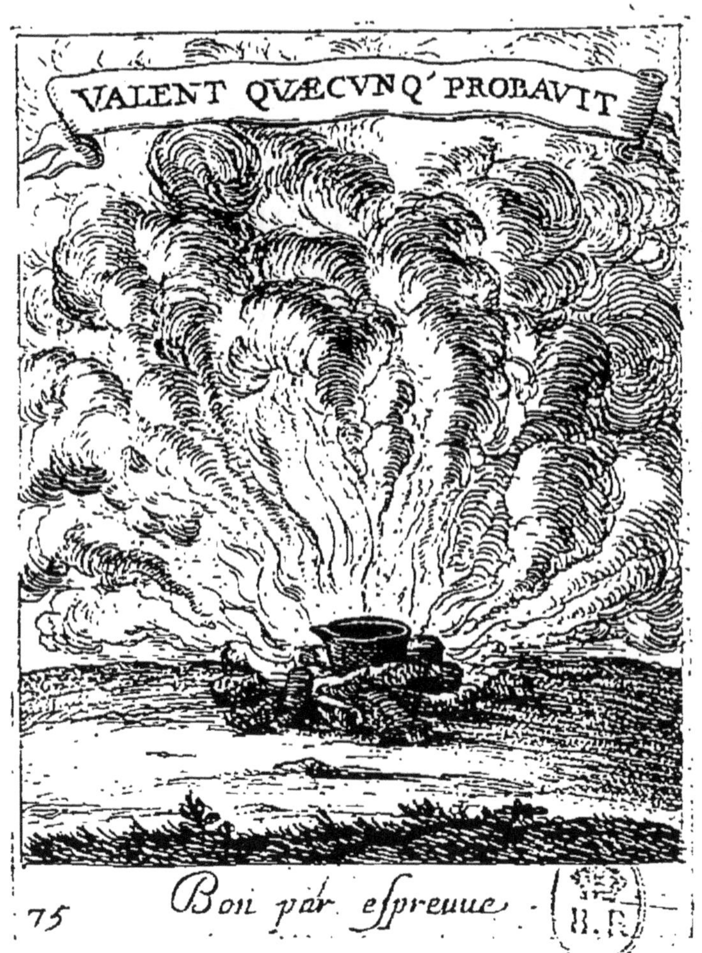

75 Bon par espreuue.

LA Lune tire toute ſa beauté, tout ſon éclat, toutes ſes lumieres, de celle du Soleil ; ainſi les femmes doiuent tirer leur luſtre, & tous leurs auantages de leurs maris.

ICY quelque Dame me prendra peut-eſtre à partie, de ce que ie la compare à la Lune ; Mais outre que ie ne ſuis pas le premier, & que ce ſexe trop ſouuent tient du caprice de cet Aſtre, on peut aiouſter cette conformité à celles de noſtre Siecle, qu'elles ne paroiſſent iamais plus ſombres & plus difformes qu'en la preſence de leurs marys ; qu'elles ne commencent leurs courſes que quand leur aſtre medite ſa retraite ; & que pour imiter parfaitement la Lune, elles reuiennent à la maiſon bien peu auparauant que leur Soleil ſoit obligé d'en ſortir.

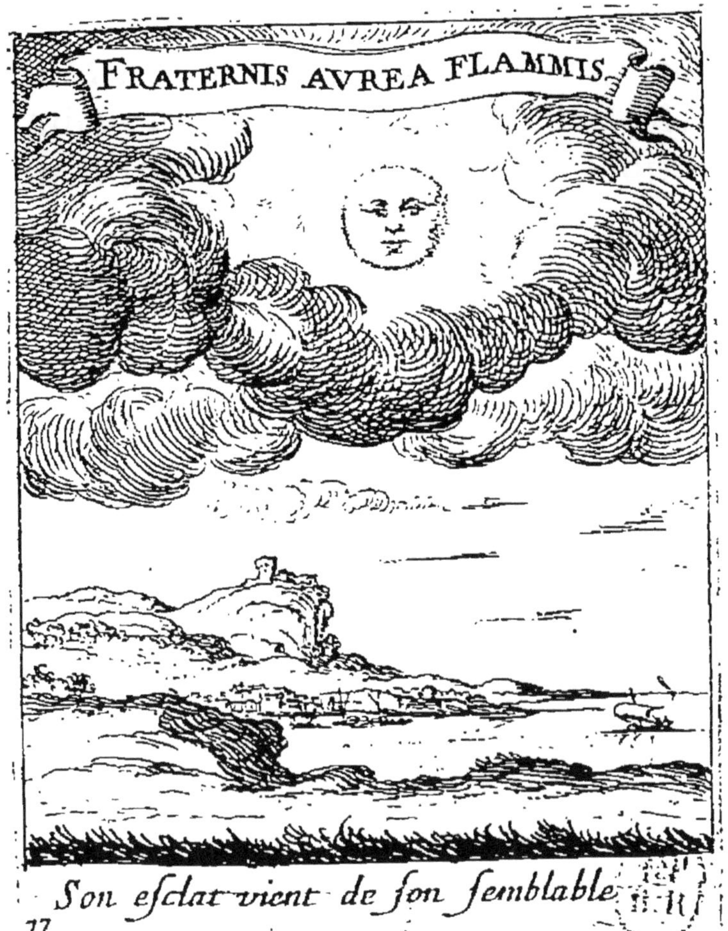

Son esclat vient de son semblable

77

CETTE Estoille que tu contemples attachée dedans le Ciel, est la mesme qui reluit icy sur la terre ; & cet Astre viuant qui fait le sujet des admirations d'vne partie du monde, & qui éclatte icy bas, n'est que la figure de ce que tu vois representé dans le Firmament.

NE vous semble-il pas que ie vueille faire icy vne restitution, & que ie medite de rendre aux sages filles, ce que i'ay tasché d'oster aux femmes imprudentes, ausquelles seules i'ay eu dessein de parler dans l'application precedente : Oüy certes, ie le souhaitterois de grand cœur, & auec raison ; puis que celles-cy ne sçauroient estre tant loüées, que celles-là meritent d'estre blasmées.

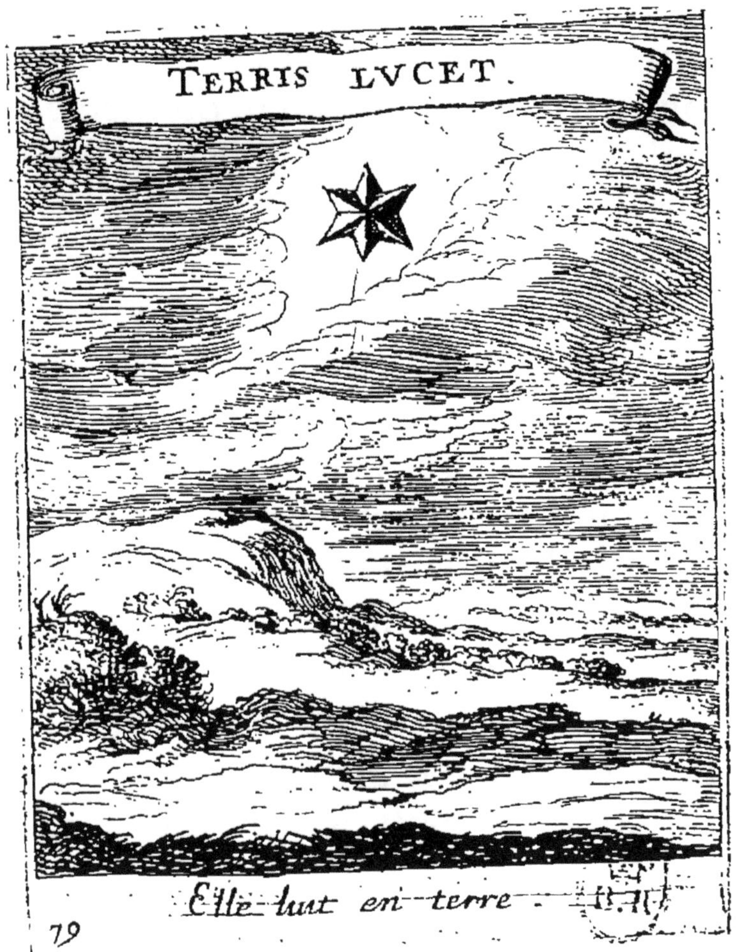

Elle luit en terre

79

CE pauure animal pleure en quittant ce que les autres ſe faſchent bien fort de porter : Belle conſolation pour ceux à qui le malheur du Siecle a voulu donner vn ſemblable ornement de teſte.

IL y en a beaucoup, qui quoy que raiſonnables en apparence, imitent cet animal en effet ; Et dans la peruerſion du ſiecle où nous viuons, il ſe trouue des hommes aſſez infames pour ſouffrir ce deshonneur en leur famille, pour y preſter conſentement ; & qui pis eſt, il s'en rencontre qui regrettent la perte d'vn qu'ils nomment leur amy, parce que preferans le bien à l'honneur, ils ſont contens qu'ils leur rauiſſent celuy-cy, pourueu qu'ils augmentent le reuenu de l'autre.

OTROS LLORAN LOS QVE TIENEN

81 Il pleure ce dequoy les autres rient

COMBIEN de personnes s'estimeroient heureuses, si elles pouuoient, ie ne dis pas tous les ans, comme fait cét animal, mais seulement vne fois dans leur vie, mettre bas ces fruits dont elles sont redeuables aux liberalitez de leurs femmes, & courtoisies de leurs amis.

HEVREVX qui se peut dégager de toutes les infamies qu'apporte le peché.

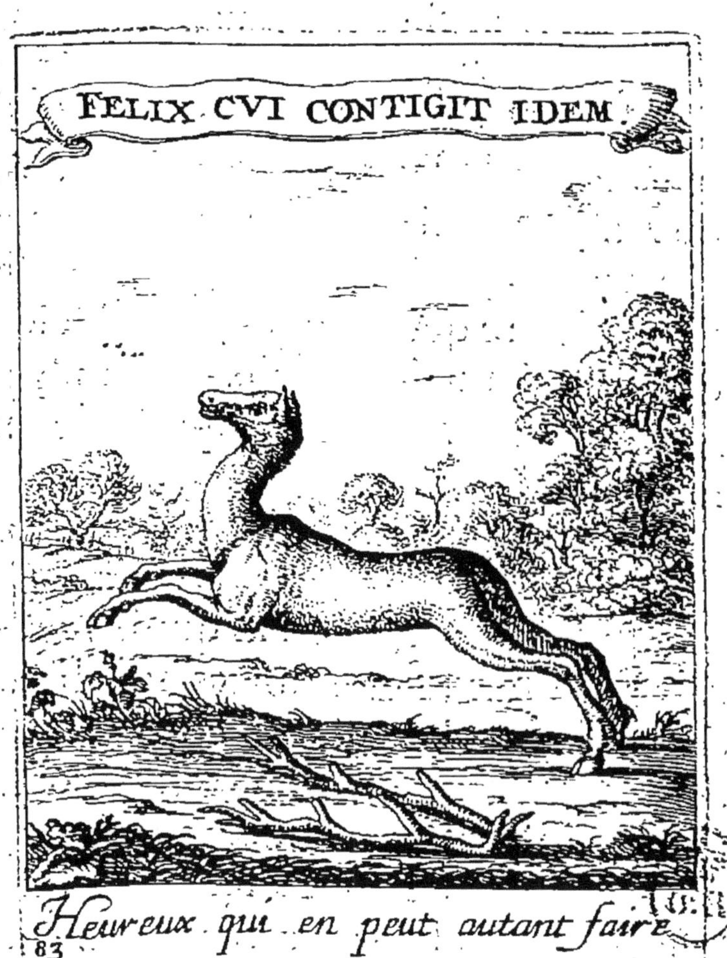

Heureux qui en peut autant faire

83

AMANT qui vous amuſez à former des chimeres dans cette ſolitude, & à forger des ſonges pour entretenir vos melancoliques réueries, ſi vous fuyez le langage des viuans, & que la voix animée ſoit importune à vos oreilles, voicy vn mort qui ne ſe fait entendre que par ſigne, c'eſt Ouide qui vous dira par les yeux, qu'il n'y a rien de pire à voſtre mal, que les lieux ſolitaires,

—*Loca ſola nocent, loca ſola caueto.*

NE vous imaginez pas que ie vueille icy taxer toutes ſortes de ſolitudes, ie ne parle point de ces retraites dans leſquelles Dieu promet de ſe communiquer, *Ducam eam in ſolitudinem, & loquar ad cor eius.* Ie ſçay bien que Ieſus-Chriſt cherit particulierement les lieux ſolitaires, *Chriſtus ſecretum quærit, & ſolitarium locum diligit*, Sainct Bernard.

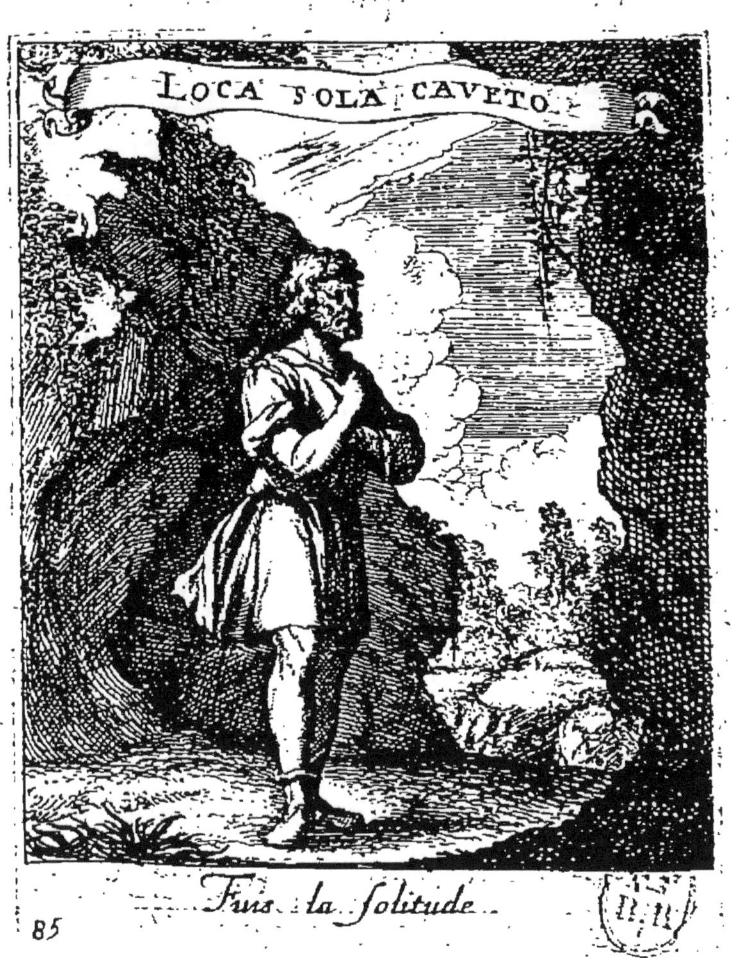

Fuis la solitude

85

L'HOMME que tu vois à l'ombre de cet arbre, n'euite pas la plus grande chaleur; l'épaisseur de ses fueilles & l'abondance de ses branches, peuuent garantir son corps des rayons du Soleil, mais elles ne sont pas capables de mettre son cœur à l'abry des étincelles du feu d'amour, puis qu'insensiblement elles se glissent par ses yeux.

PENDANT que cet Homme trauaille à se garantir de l'ardeur du Soleil, qui n'est capable que d'échauffer vn peu sa peau, il allume par le regard illegitime de cette Femme, vn feu dans son sein, qui apres auoir détruit toutes les parties de son corps, fera brûler eternellement son Ame dans les Enfers, sans que la suitte des siecles en voye iamais la consommation.

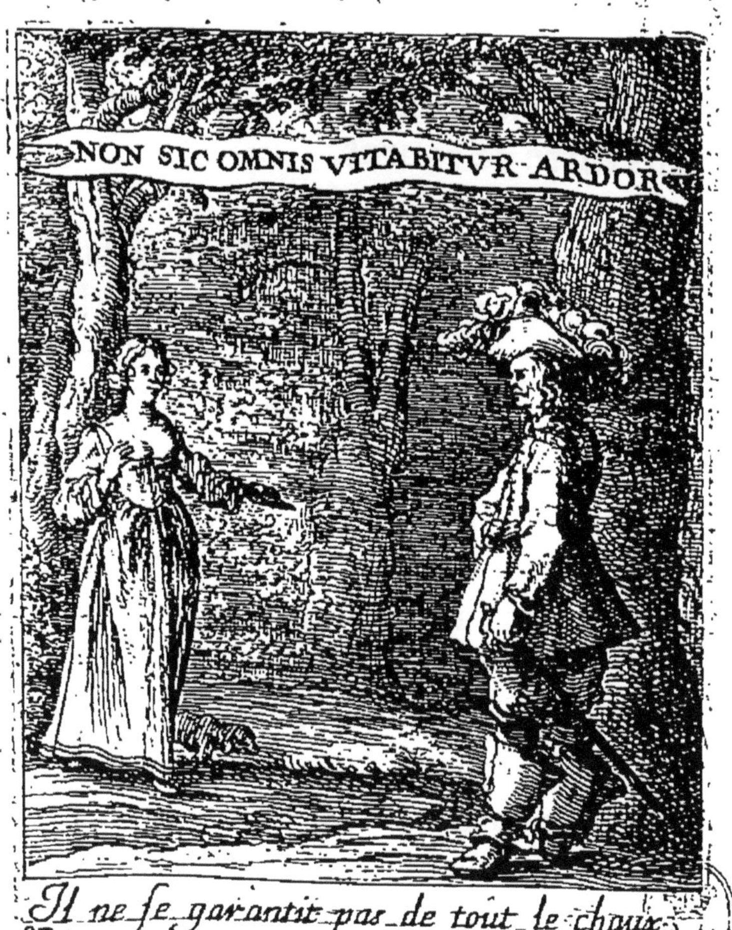

Il ne se garantit pas de tout le chaux

87

QVE voſtre volonté faſſe ſur vos paſſions, ce que les dents de ce Caſtor executent ſur l'origine de la plus forte de toutes.

CET animal pour ſauuer ſa vie, couppe hardiment ce qu'il doit auoir de plus cher; que dois-tu faire raiſonnable, qui as vne Ame à ſauuer? Eloigne de toy ce qui te peut retenir; détruis ce qui t'empeſche d'aller; retranche toutes les affections qui te pourroient faire tomber entre les griffes de tes Ennemis; car apres tout, il eſt meilleur d'entrer dans le Ciel manchot ou boiteux, que d'eſtre precipité dans le profond des Enfers auec deux jambes & deux bras.

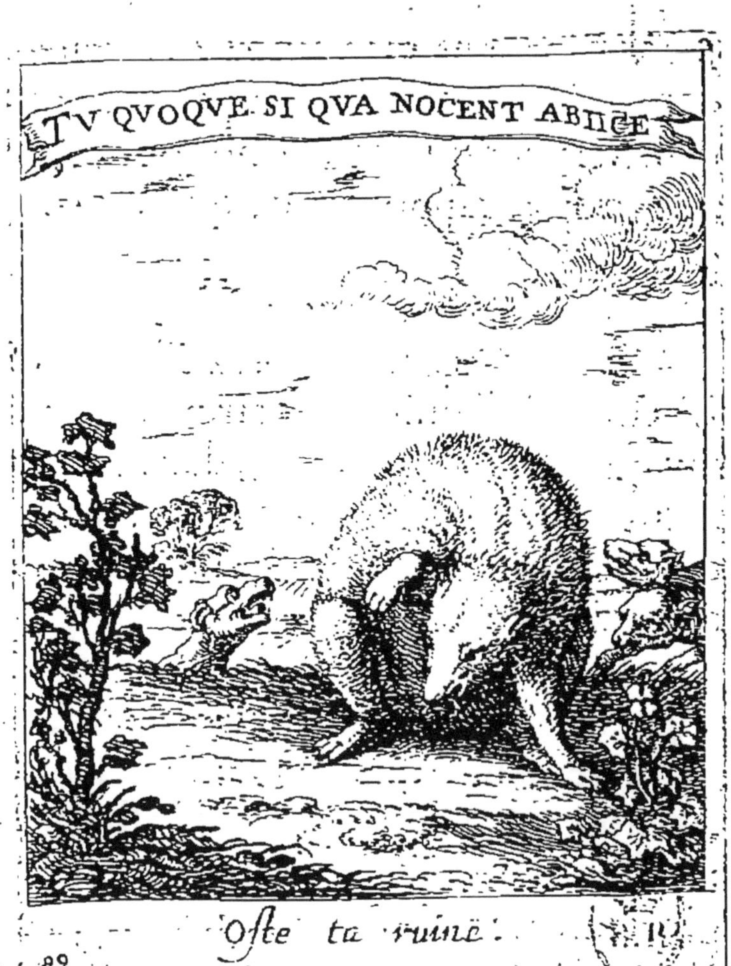

Oste ta ruine.

89

NE vous ſemble-t'il pas que cét Elephant eſt vaincu ? & cependant il écraſera bien-toſt par ſa cheutte le Serpent qui le tuë ; nous pouuons à ce propos rapporter ce que dit Properce,

——— Certè vertuntur amantes,
Vinceris & vincis, hæc in amore rota eſt.

L'action de l'amitié eſt circulaire, celuy qui paroiſt victorieux, dans vn moment ſe confeſſera vaincu, & ce vaincu ſe glorifiera dans vn ſecond moment de la victoire.

AInsi en arriue-t'il dans ces ſaintes Ames que le Demon ſemble accabler de toutes ſortes d'infirmitez, c'eſt pour lors qu'elles triomphent plus glorieuſement de ſes attaques, & qu'elles peuuent veritablement dire auec Sainct Paul, *Tunc cùm infirmor potens ſum.*

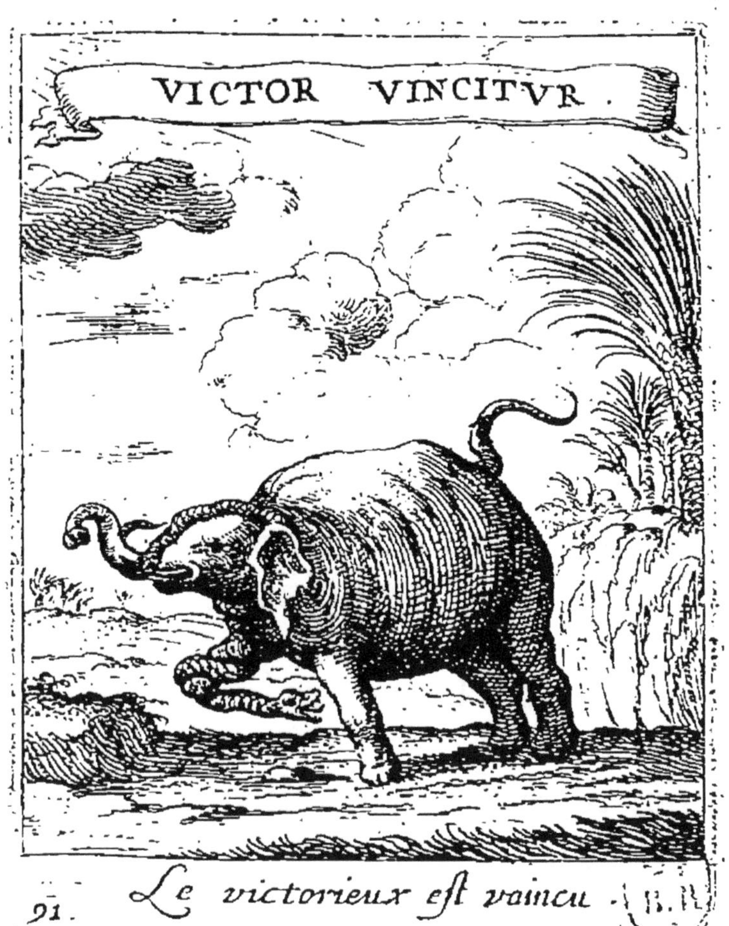

91. *Le victorieux est vaincu.*

CE n'est pas seulement dans les animaux priuez de raison, que se trouue la verité de cette deuise; il se rencõtre si peu de raisonnables, qui ne quittent aussi bien que cette Chienne ce qu'ils cherissent auec le plus de tendresse, lors que les presens jouënt leur jeu; que l'on peut conclure qu'il n'y a point d'amitiez à l'épreuue des dons.

MAIS ie me trompe, nous n'en voyons que trop tous les iours qui ne se rendent point à Dieu, quoy qu'il les sollicite de ses graces. Et pour ne pas taxer les autres, nous sommes dans vne si profonde ingratitude, que nous receuons ses diuins presens sans aucune reconnoissance.

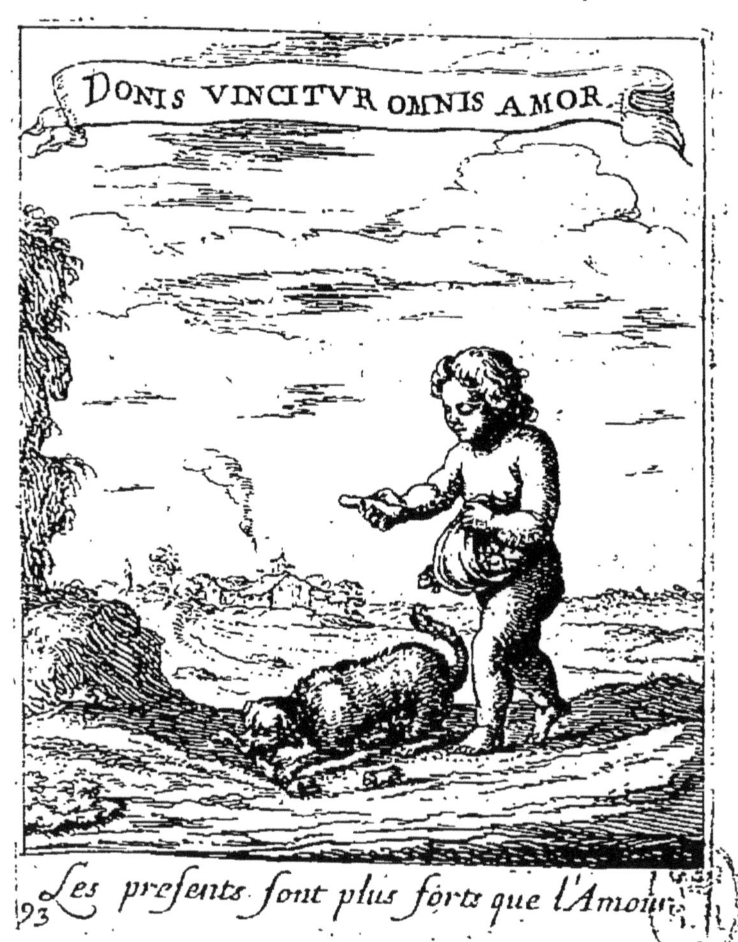

93 *Les preſents ſont plus forts que l'Amour.*

LEs disputes moderées, les legeres oppositions, les jeux de main, & toutes ces petites piquotteries entretiennent l'Amour : les combats ou veritables ou imaginaires que l'on rend au dehors contre les vns & les autres, le fortifient ; & ces grands assauts que se liurent nos appetits en nous mesmes, ne seruent qu'à y établir plus solidement son trône.

SI donc vous voulez vous guerir de cette passion agreablemẽt importune, negligez-la ; ne songez point qu'elle vous possede ; n'entrez pas en lice mesme pour la détruire, & ie vous donne parole apres Ouide, qu'elle ne vous tourmentera pas long-temps,

Non bene si tollas prælia durat amor.

Car il est indubitable, que l'Amour ne peut subsister sans combat.

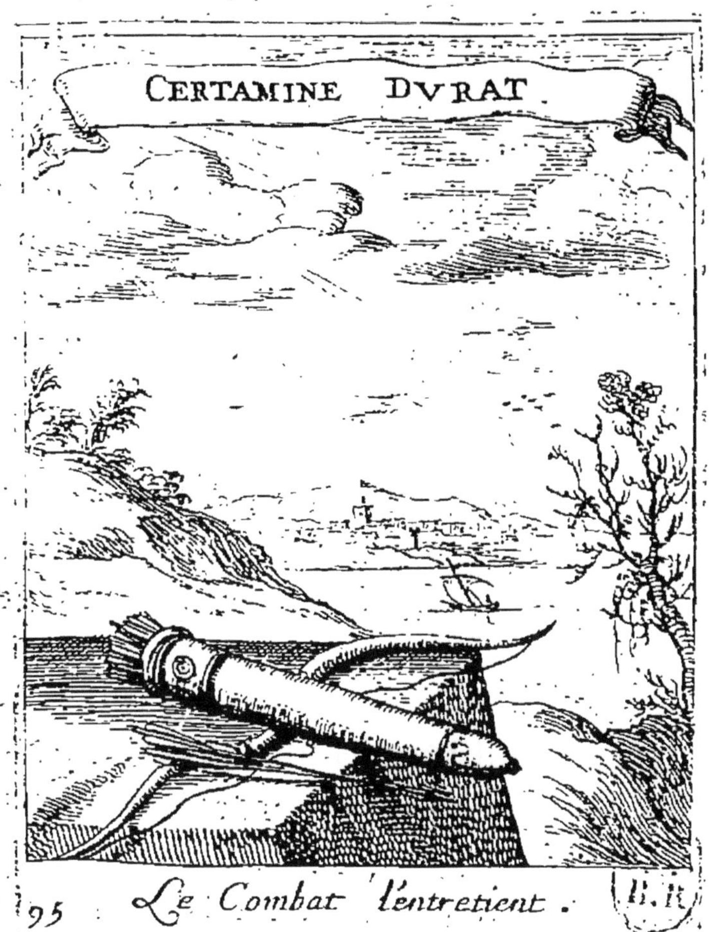

95 *Le Combat l'entretient.*

DAns le vol, les Faucons femelles sont plus estimées que les masles, & dans l'amour les femmes l'emportent sur les hommes ; car soit que nous considerions la tendresse, soit que nous regardions la violence, soit que nous examinions les delices dont elles assaisonnent cette passion, il faut auoüer qu'elles y excellent.

POvr ce qui est de l'Ame, l'homme n'a point de preéminence sur la femme, ils partagent également les merites & le Paradis ; mais la femme l'emporte dans les graces speciales qu'elle a obtenuës au dessus de l'homme dans le premier ordre de la creation ; elle a esté creée la derniere comme la plus parfaite ; c'est elle qui commence le repos de Dieu, car il cessa de créer apres la perfection de la femme.

Candorem

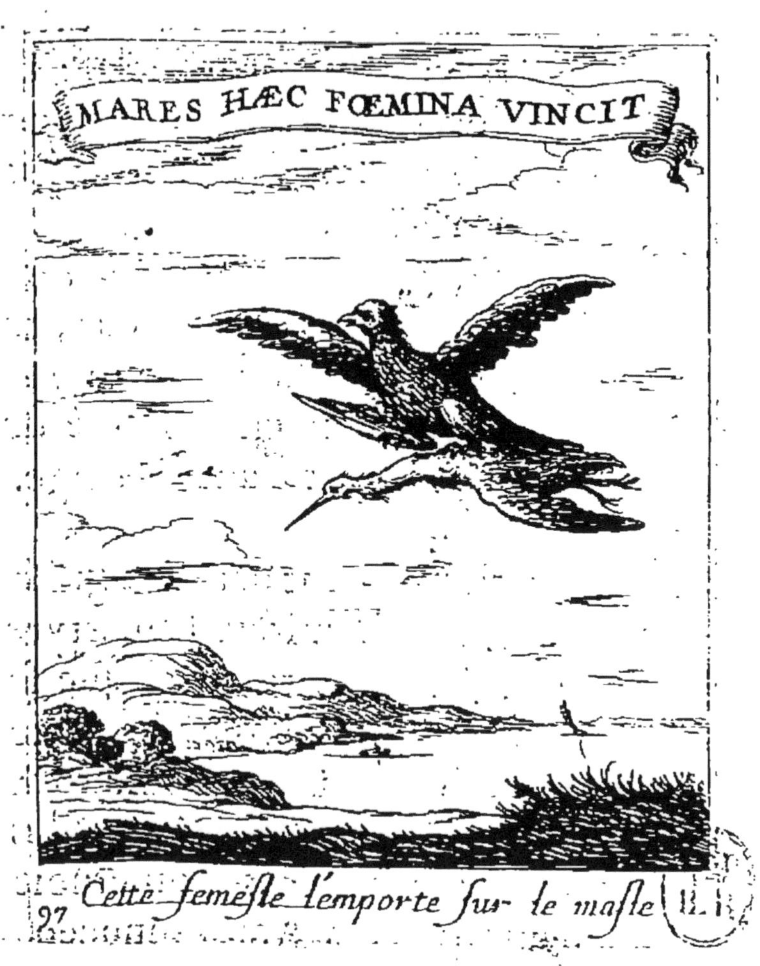

97 *Cette femeſle l'emporte ſur le maſle*

CE rouge qui se trouue entremeslé de blanc sur les fueilles de cette rose, en releuent fort bien l'éclat: ce petit vermillon que produit la pudeur sur le teint d'vne fille qui ne sçait pas encore ce que c'est que d'aimer,

Palletque, rubetque flamma recens, donne bien du lustre à sa blancheur; tu croyois son visage aussi blanc que le lys, maintenant qu'il est parsemé de roses, tu luy fais disputer auec la neige.

C'Est veritablement dans ces grãds Saints qui ont souffert le martyre pour maintenir leur virginité, que se trouue l'application naïfue de cette deuise; puis que leur sang sortant tout rouge de leurs veines, & marquant les souffrances sur leurs corps, conseruoit la blancheur de leurs Ames innocentes.

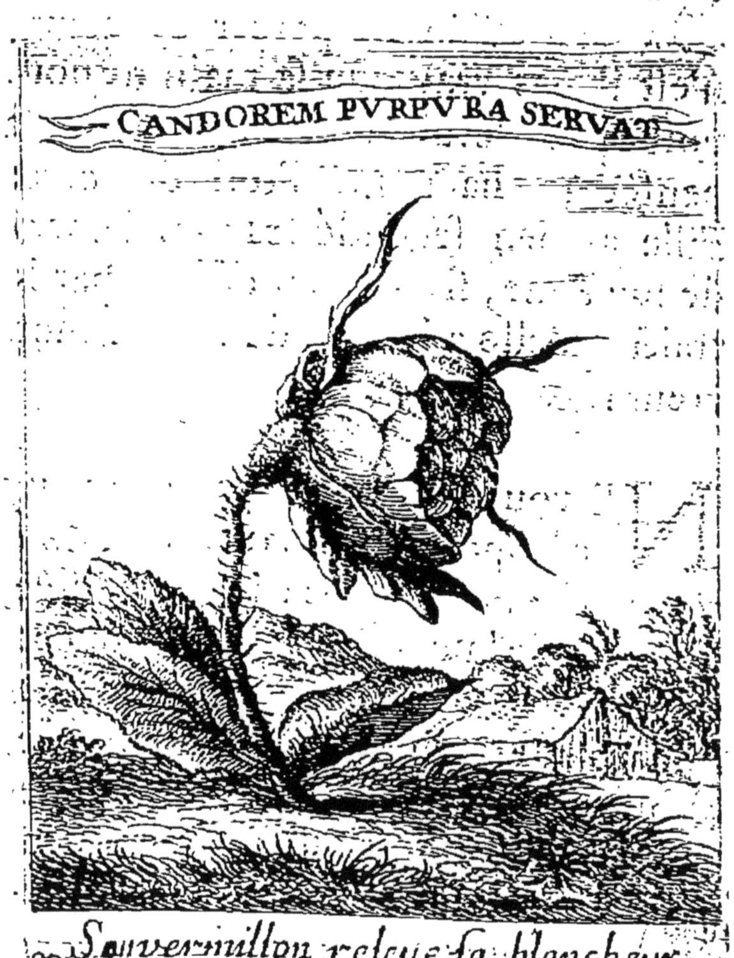

99 *Son vermillon releue sa blancheur.*

SI celuy qui décoche cette fléche, a eu dessein de percer ce cœur, n'est il pas vray que sa main ne pouuoit pas seruir plus fidelement sa pensée ; há ! que l'œil de cette Fille a bien secondé les mouuemens de son Ame, si elle a eu dessein par le traict qu'elle a lancé, de naurer mon cœur !

NE vous semble-t'il pas voir celuy de l'Epouse aux Cantiques, *Charitate vulnerata ego sum* ; Ie suis blessée, dit-elle, de la charité ; d'où vient cette playe? Sans doute que c'est de ces fléches aiguës dont parle le Psalmiste, & qu'vn Pere de l'Eglise explique des paroles de Dieu, qui ne manquent point de produire le veritable amour dans les cœurs qui les reçoiuent, *Verba cor transfigentia amorem excitantia.*

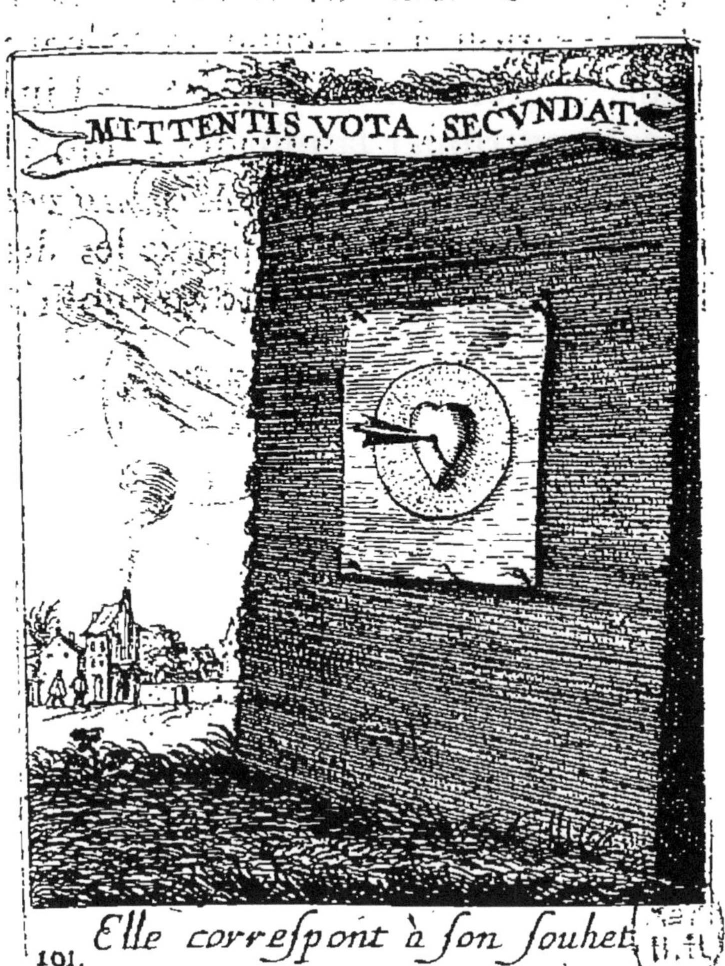

101. Elle correspont à son souhet.

MAis donnons vne autre explication à la deuise precedente, puis qu'il est temps de finir. Si ce Liure peut contribuer la moindre chose à la satisfaction du Lecteur, *Mittentis vota secundat*, il satisfait & appuye les desseins de celuy qui le donne au public.

FIN.

www.ingramcontent.com/pod-product-compliance
Ingram Content Group UK Ltd.
Pitfield, Milton Keynes, MK11 3LW, UK
UKHW020353230726
13925UKWH00003B/1098

9 782013 708234